陈舜臣中日文化交流史谭

陈舜臣◎著
崔学森 朱俊华◎译

中国戏剧出版社
CHINA THEATRE PRESS

图书在版编目（CIP）数据

陈舜臣中日文化交流史谭 / （日）陈舜臣著 ； 崔学森，朱俊华译. -- 北京 : 中国戏剧出版社, 2021.8
ISBN 978-7-104-05122-0

Ⅰ. ①陈… Ⅱ. ①陈… ②崔… ③朱… Ⅲ. ①中日关系－文化交流－文化史 Ⅳ. ①K203②K313.03

中国版本图书馆CIP数据核字(2021)第160404号

陈舜臣中日文化交流史谭

责任编辑：赵宇欣
责任印制：冯志强

出版发行：中国戏剧出版社
出 版 人：樊国宾
社　　址：北京市西城区天宁寺前街2号国家音乐产业基地L座
邮　　编：100055
网　　址：www.theatrebook.cn
电　　话：010-63385980（总编室）
传　　真：010-63383910（发行部）

读者服务：010-63381560
邮购地址：北京市西城区天宁寺前街2号国家音乐产业基地L座

印　　刷：北京九州迅驰传媒文化有限公司
开　　本：787mm×1092mm　1/16
印　　张：12.75
字　　数：160千字
版　　次：2021年8月　北京第1版第1次印刷
书　　号：ISBN 978-7-104-05122-0
定　　价：78.00元

前 言

源远流长的中日文化交流，在郭沫若为祝中日恢复邦交撰写的《沁园春·祝中日恢复邦交》中得到了高度概括："赤县扶桑，一衣带水，一苇可航。昔鉴真盲目，浮桴东海，晁衡负笈，埋骨盛唐。情比肺肝，形同唇齿，文化交流有耿光。堪回想，两千年友谊，不同寻常……"这首词中的"赤县""扶桑""一衣带水""鉴真""晁衡"和"盛唐"，多次被日籍华人作家、学者陈舜臣先生以历史小说等形式呈现出来。可以毫不夸张地说，自20世纪60年代以来的50余年间，海外华人作家和学者关于中国历史和文化的著述，无论从数量上，还是从质量上，陈先生的作品都首屈一指，他和他的作品，堪称中日文化交流的一片"耿光"。

陈先生在日本开创了"中国历史小说"的先河，并且获得了举世瞩目的成就——"日本小说界无出其右者"（李长声）。他通过创作大量的中国历史小说，将中国历史的漫长画卷用日语展现出来，让中日两国的历史在他的笔下交融。然而，我们仍然不能忽略作为学者型作家的陈先生在解读、介绍各国文化方面的重要贡献。在撰写小说收集资料之余，陈先生还注重对各国文化方面的思考，并且不断地将其公开发表，达到了令人吃惊的分量。将它们连缀起来，可以析出陈先生关于文化的整体思考。毋庸置疑，陈先生在对各国文化的思考中，更多的是中日两国的文化。一提到中日文化交流和比较方面的论著，熟悉陈先生作品的读者马上就会想起《日本人与中国人》《日本的中国的》[1]，这是陈先生生前结集出版的文化论著，一度成为畅销书。

---

① 这两册书汉译时合并为《日本人与中国人》出版（刘玮译，广西师范大学2009年版）。

当然，陈先生关于中日文化交流的论著，不止以上两册。在他的众多小说和论著中，中日文化交流均有所体现。本书即是从中日文化交流的视角，在陈先生众多的文化论著中抽取出来结集成册的，主要是20世纪70—90年代陈先生写作最旺盛的时期对中日文化的思考，从某种程度上补充了《日本人与中国人》等专论的不足。本书分为上下两编，上编以时间为顺序，辑录从远古到近代的中日文化交流的历史事件、历史人物方面的论述；下编是中日文化交流的点滴，有饮食文化的比较研究，也有语言、物品等方面的介绍，不拘一格。

需要说明的是，由于是陈先生不同时期出于不同目的撰写的文章，内容上或许有所交叉，但每一篇文章的写作重点不同，比较起来阅读，别有一番兴味。比如，关于徐福是不是史上真实存在的人物，《越海之民》《古代的中日往来》《方士的故乡》均未做探讨，但在《东方桃花源——有关徐福》中，陈先生结合《史记》撰写的时间等因素，推测徐福是真实的历史人物。

陈先生自由地在中日文化之间穿行，他既热爱中国的文化，也热爱日本的文化，总能够洞察二者之间的异同，并细腻地表达出来，让那些熟悉中日文化的人感到“原来如此”，替他们表达出了“意中所有却笔下所无”的文化图景。

尤为可贵的是，陈先生没有局限于中日文化本身而思考文化，作为一个大学期间学习印度语专业的作家，他对佛教文化、伊斯兰文化和儒家文化均有高深的造诣。也正因如此，他才能将中国和日本的文化相对化，并将其置于更加开阔的东方文化视野，甚至是全人类文化的视野中加以审视，更能展现出陈氏文化论的真知灼见。

自2017年以来，承蒙中国画报出版社于九涛社长厚爱，我有幸主持翻译了二十余卷的《陈舜臣历史文化随笔》。因青年时代多年留学日本，又主要从事中日关系史研究，因此对陈先生这些著作中的中日文化交流部分格外关注，能够将其结集出版，也是我的一个夙愿。如今能够达成这个愿望，颇为感慨。

非常感谢盛凯、赵宏、苏君业、胡小春、齐膺军、刘芳、孙晓宁、佟一、吴迪等人提供的部分译稿。我在这些译稿的基础上，又进行了一番润饰，并尽力对翻译风格进行了统一。身在日本的学友郑成莲也为这份工作出了不少力。

中日两国是永远搬不走的邻居，陈先生提出了邻居相处的基本原则："邻居同自己不一样，我们不能任意地想象邻居的形象，一旦对方与自己想象的不一样就动怒。地理位置是不能改变的，中日两国永远是邻居，这是命运决定的。无须赘言，两国间相互理解是最理想不过的了。"陈先生给我们指明了邻居的相处之道，除了加强彼此相互理解，建立相互信任，中日之间或许没有其他更好的共同出路。期待本书的翻译出版，能为中日之间加强理解尽绵薄之力，愿"一片欢声起四方。从今后，望言行信果，和睦万邦"。

崔学森

2021 年 5 月 18 日

目 录

前 言……*1*

上 编

未被写进历史的海滨风景……*003*

越海之民……*013*

古代的中日往来……*018*

方士的故乡……*023*

东方桃花源——有关徐福……*030*

一衣带水……*032*

连接东西方之人……*047*

佛教的传入……*050*

从梅福到慧萼……*053*

朝衡小考……*059*

鉴真的气息——唐招提寺……*068*

共有的文化……*077*

芭蕉与杜甫……081

海盗林凤……085

事件与信息传递——鸦片战争与日本开国……090

西乡隆盛与李鸿章……099

有待整理的探险……102

中日两国的任务……111

下　编

医食同源……119

禁火节……123

待　春……129

屠　苏……135

话说麴子……138

语言的宽度……140

年号杂谈……146

鹊　桥……154

落成的来历……157

君子豹变……159

幻　灯……161

鸽　子……164

劳　动……167

马　鹿……170

扶桑和蓬莱……172

禅　让……175

韦驮天……*177*

和光同尘……*180*

关帝庙杂记……*182*

财　神……*185*

镜子的用途……*188*

弓箭的灵力……*191*

上　编

未被写进历史的海滨风景

提起“未被写进历史的海滨风景”，可能有人会心生疑问：未被写进历史去的东西人们怎么会知道呢？

比如说，如果我们发现了公元前2000年的遗址，那么我们便会大致了解当时人们的生活状况；如果我们已经发现了公元前1200年的遗址，那么我们也会对当时人们的生活状况有所了解。可能有人会说，二者之间有800年的时间间隔，对那一段时间的事情我们无法了解。然而，虽然有些情况我们的确不清楚，但还是有线索的。在那800年间人们也一直生存着、生活着，所以对公元前2000年与公元前1200年加以比较时，只要对各种情况进行合理推理，历史就会呈现在我们的眼前。

公元前1050年左右，商王朝灭亡了。它是一个延续了五六百年的王朝，最初是在“商”地建立的政权，所以叫“商王朝”。后来，商王朝不断迁都，最后的二百多年，它的首都是在“殷”地，所以司马迁称其为“殷王朝”。在日本，大多仍然将它称为“殷”，殷人自称为“商”。

商的遗址是20世纪初发现的，从王墓中出土了许多装饰品，绝大部分是由珍贵贝壳做成的。今天我们还在使用的汉字，其原型就是由殷人发明创造的。比如，汉字中表示财产关系的字都带“贝”字旁：财产的“财”，赠品的“赠”，货物的“货”。“宝”字，如用繁体字“寶”来书写也有“贝”字。所以，我们一般认为在殷代“贝”是通行的货币。

从遗址中出土了一种贝壳，这种贝壳几乎在朝鲜半岛、中国大陆以至马来半岛的大陆沿岸都无法获取。正因如此，它才成为宝。那么，当时所使用的大量贝壳是从哪里来的呢？

这种珍贵贝壳可以在琉球的宫古岛附近大量获取。这里就出现了两个事实，即商虽然位于遥远的内陆，却以宫古岛所产的贝壳作为流通货币。二者是怎样联系在一起的？对于这一情况，尚未找到相关记载。

但是，我们当然能够推测得到有人来取过贝壳。我的推测是，某人漂流到宫古岛，或许他在打鱼时捡到了美丽的贝壳，于是就带了回去。从此那种贝壳就成为了不起的宝物。几百年间，那种贝壳在殷代就变成了货币。当宝物成为货币后，宫古岛就开始有商的驻外工作人员居住了。我们是不是可以这样设想，如果大陆方面说“送一吨贝壳过来”，岛上肯定有人会准备好货物给对方送过去。柳田国男先生[①]说，那些驻留岛上的人可能就是日本人的先祖。柳田先生是一位学者，他竭力思考的问题是日本人到底是谁。最后，他将目光投向大海，写出了《海上之路》一书。

在柳田国男的《海上之路》中有如下一段内容：

> 中国的至宝是珍贵贝壳。其中，带有黄色光泽的两种子安贝是人们渴望得到的宝中之宝。现在这种贝壳的产地也极其有限。在远东方向有一片群岛，群岛周边的珊瑚礁上出产这种贝壳。除此之外，在中国大陆附近的海岸上根本找不到这种贝壳。

① 柳田国男（1875—1962），日本民俗学创立者，东京大学政治专业毕业，早年曾投身于文学事业，30岁时离开文坛，开始研究民俗学，著有《后狩词记》《桃太郎的诞生》等多部民俗学著作。

跳过几段，又有这样的叙述：

> 支撑商王朝进入中原的背后势力在东方。现在基本弄清楚的是，在所谓的东夷海上经营中，有一大部分是供应珍贵贝壳。

商建立王朝是因为它有强大的经济实力，其经济实力的根本则在于珍贵贝壳。这个东夷的“夷”字，是指有“蹲”这种习惯的族群。

有一位叫傅斯年的中国著名学者，他提出了“夷夏东西说”[①]。他说东夷有可能就是商。他认为，商居住在海岸地区，所以能获得宫古岛上的贝壳，不久它有了实力就逐渐西进，最终在中原建立了王朝。柳田先生这样写道：

> 东夷表现活跃，将其影响逐渐波及中原。在那个时期，人们重视珍贵贝壳、渴望得到珍贵贝壳的欲望几乎达到了顶点。而那样一个时期也正是一小群日本人的始祖在远东群岛中的某个小岛上留下足迹的时期。

也就是说，如果商王朝在中国的建立是由于宫古岛的珍贵贝壳为其提供了经济上的支撑，那么当时日本人的最初祖先就是从中国大陆来到这里定居的。这就是柳田先生的所谓天才想象。要问有什么证据呢？历史上没有记载，什么也没有。他只是根据发掘出来的商的遗迹和文字做出的分析。比如，贝壳原来是宝，那种贝壳原来中国大陆没有，而宫古岛有，等等。柳田先生的主张不过是从这些关系出发类推出来的结论而已。

接下来，我要谈的是日本人从何而来。尽管这个问题多少有点奇怪，但

---

① 夷夏东西说：1933年由傅斯年提出。此说认为商代文化由两个族群建立：商朝的西部由夏族群开发，商朝的东部由夷族群开发。后来根据当时最新的考古结果，夷夏东西说得到一些学者的进一步扩展，认为仰韶文化由西部的夏人建立，而龙山文化由东部的夷人建立。直到大约1960年以前，中国和西方史学家都以这个假说来解释中国的史前史。

我认为，如果贝壳一直作为货币保持不变，日本也就不会出现。正因为贝壳与中国断绝了关系，日本才会形成。要问为什么断绝了关系，是因为贝壳被铜替代，失去了作为货币的地位。

现在我们仍然在使用铜币，这好像是东方的技术。殷商时期，青铜器已经制作出来，逐渐变成了货币。以前还是十个珍贵贝壳交换一头猪，但现在是十把青铜刀可交换一头猪。但是，铜刀太重不易携带，为了携带方便，人们就把铜刀变小，使之作为货币使用了。尽管如此，据说刀币仍不方便，因此就产生了铜币。

铜币开始普及之后，就不再需要贝壳了，所以商与采贝者之间的联系就中断了。那些采贝人仍旧留在原地，成为从中土来的日本人的祖先，于是日本诞生了。类似这样的解释并非不可能。

再引用一段柳田国男先生的话：

> 商对珍贵贝壳的需求没有那么强烈了，商人赌上身家性命，甚至勇闯波涛巨浪去追寻珍贵贝壳的那种热情也就没有了。这是比徐福的罗曼史更加久远的往事。商人把那个出产珍贵贝壳的岛屿叫作“我之岛”，如果留在岛上的人开始安居下来，他们不久就会感到生产用地不足。于是，他们就物色容易到达的邻近岛屿。这种行为是与视线所及之处以外的冒险根本不同。我认为最大的困难在于缺乏种植稻米的合适地方。

因为他们原本是商朝人，在大陆时他们或许是渔民，但在家乡附近看过别人怎样种植水稻，自然也掌握了种植水稻的技术。在他们定居宫古岛之后，因为不需要珍贵贝壳了，就开始种水稻。这样一来，生产用地就不够用了，于是他们就在附近物色容易到达的岛屿。这些行为是在琉球周围的岛屿中进行的，所以当然不是什么视线所及之处以外的冒险。他们是带着“那边有岛屿，过去看看吧”的心理去的，结果到了那座岛屿之后又看见了另外的岛屿，于是就又到另外的岛上去了。所以，这绝不是什么了不起的冒险。

对于他们来说，最大的生活需求是找到适合种植水稻的土地。那些岛屿上适合种植水稻的土地太少，在珊瑚礁上的陆地种植水稻更是不适合。就这样，在到处物色岛屿的过程中，他们来到了九州。这里有可以种植水稻的平地，他们就安顿了下来。柳田先生说，这些人可能就是日本人的始祖。这些内容在历史上没有记载，但是如果我们把日本与商王朝、宫古岛、贝壳等事实串联起来进行思考的话，就会自然而然地得出上述结论。可以说，这就是3000年前消亡的商王朝与日本之间的关系。

商王朝的最后一个国王是纣王，他在历史上被描写成一个非常残暴的人。所谓“鬼”，在中国是指亡灵，死人的灵魂是鬼。史书上记载的几乎全部是纣王所做的坏事，比如纣王侮辱了鬼神，没有比纣王更可恶的君王等。推翻这个商王朝的是周武王，他的总参谋长是姜子牙。周原来是殷属下的诸侯，所以可以说那是所谓诸侯消灭君主的犯上作乱。为了避免被人们认为是犯上作乱，就必须寻找充足的理由，编造有利于自己的借口，比如纣王残暴、人民痛苦，所以才要推翻他。商王朝的历史是周写的。

仅写在史书上的东西，并不见得是真实的历史。被人写在书上的历史可能是错误的，它可能不过是周杀害君主的借口而已。司马迁也是根据周的记录在公元前93年写出了《史记》，上面依然写了商纣王如何可恶等。

正如文章的开头所说，商的遗址被人们发掘出来，出土了大量的甲骨骨片。原来商人无论做什么都要向天或始祖占卜。他们在占卜时，主要是用牛的肩胛骨，先在肩胛骨的上边开个洞，然后用火烤。这时，肩胛骨上会出现裂璺，而占卜师会参考那些裂璺，将要占卜的事情刻在那个甲骨片上。这就是文字的起源。人们常说文字是写出来的，其实它最早是刻出来的。

识读那些甲骨文，我们了解到上面记录着各种各样的事情。给人的感觉是，纣王不仅没有侮辱鬼神，反而比他的父亲在位时更频繁地祭祀鬼神，因此在国力、财力衰弱的时候，他被周打败了。由于这些甲骨文的出土、识别，在3000年之后，殷纣王的无辜才终于得以证明。

商王朝灭亡后，历史进入了周王朝的统治时期。周王朝担心商人会团结起来对周进行报复，所以就把他们分散到各地，主要移到宋这个国家。商人的文化程度非常高，他们毕竟是发明了文字的民族，他们利用被分散到各地的机会，通过做法事等把亲戚们召集在一起，互相交换各地的信息。比如，此处粮食便宜，彼处粮食贵，于是就将此处的粮食拿到彼处去贩卖，就这样做起了买卖。这种活动就是商业。“商”这个字，原来是土地的名称，并没有“商业”的含义。

殷是从商地兴起的，商自迁都之后200年间一直以殷作为首都，所以大家又称商为殷。甲骨文中没有“殷”这个字。殷人都自称为“商”，由于是商人所做的事业，所以叫商业。从此以后，人们便将从事买卖活动的人称为“商人”。

商王朝灭亡后，商人成为亡国之民，所以经常遭到歧视。整个春秋战国时代，一旦有人做了滑稽可笑之事，人们就会说“那是宋人干的”。之所以会出现这种情况，也是因为有上述背景。比如，有这样一个傻瓜宋人的故事。据说有一个宋人发现一只兔子撞死在树墩旁，毫不费力地得到了它。然后，这个宋人就在那儿傻傻等待了好几个月，幻想再次发生奇迹。

另外一个宋人的故事也很有名。据说宋襄公与从南方来的超级大国楚国交战。楚军渡河时，宋军谋士向襄公建议道：“敌人的队列乱了，咱们进攻吧。”襄公制止道：“不行！趁敌军混乱时出击不是君子之道。”当楚军刚渡过河时，参谋长又建议说：“现在进攻吧。”宋襄公又说：“不，还是不行！对方排好阵势后再进攻。”结果，待楚军排好阵势后，双方交战，宋军大败。人们把这件事称为“宋襄公之仁”，其实也是嘲笑宋襄公的愚蠢。

我认为，大概襄公也以为失败一次无所谓才那样做的吧。所谓守株待兔几个月，也就是说“待兔”期间那个宋人不用劳动也有吃的，所以他的生活应该很富裕吧。因此，我认为宋是通过经商致富的，并且有了闲暇时间。

到了春秋时代，中国出现的思想大都是商人创造的。孔子是商人，还有一位是将孔子批驳得体无完肤的墨子。这位指责儒家的墨子是宋国人，如果溯本求源，他也是商人。所以，我认为虽然商人作为亡国之民被周驱赶到宋国，受人歧视，但他们实际上是中国文化的重要承载者。

我认为，正是因为这些亡了国的商人奋发有为，春秋战国时代才迎来了思想百花齐放、百家争鸣的黄金时期。这场文化运动，撬动了停滞不前的中国，使人们在思想上、经济上都活跃起来。如前所述，这也从另一方面说明，定居在宫古岛上的另一支商人成为日本人祖先的假设是可能的。

当时，正是柳田先生所说的"比徐福的浪漫故事更早的故事"发生之时，即春秋时代的末期，吴越之战就爆发了。吴在今天的上海附近，苏州是吴的首都。越在浙江会稽、绍兴附近。所谓吴和越以前在历史上并未出现过，在《史记》中也是如此。虽然列举有许多吴王的名字，但关于他们的事迹却无任何记载。有一个叫吴寿梦的吴王突然出现在《史记》上，有关他与越打仗的事迹倒是有不少记载。越国也是如此。我们知道越王勾践之前的王是允常，但允常之前的王，连名字都未留下。吴越双方都是突然在历史上出现的。从记录者的角度来看，他们是突然冒出来的。

我不知道那时的吴和越到底是什么民族，但他们文身，梳短发。我认为是因为他们在大海中潜水，长发不方便。他们的风俗与《魏志·倭人传》里出现的日本风俗是一样的。潜入水中捞鲍鱼是当时吴越人常做的事情。在《魏志·倭人传》中有这样的记载：倭，即日本人说自己是吴太伯的子孙。江户时代的儒学者新井白石①曾经写道："听说那些后来者说'我们是吴太伯的子孙'。"当时，吴越人的风俗和日本人的简直毫无二致。

① 新井白石(1657—1725)，名君美，号白石，日本江户时代政治家、诗人、儒学者，在朱子理学、历史学、地理学、语言学、文学等方面造诣颇深。1709年（永宝六年）德川纲丰成为日本幕府第六代将军，白石作为近侍辅佐幕政，并于德川家继即位后继任辅佐幼君大臣。1716年，德川吉宗即位后，新井白石才告老退休，继续学术事业。著作有《藩翰谱》《东雅读史余论》《古史通》，等等。

冈正雄[①]先生一直主张“日本人是吴越人”，原因是均善于种稻和捕捞。也就是说，日本人和吴越人都是种稻之民与渔民的结合体。另外，双方在潜水捕鱼时，都有类似的潜水法，且都是在河里划着木筏，用鱼鹰捕鱼。可以说，这些作业方法，日本人和吴越人几乎完全一致。

宫本常一[②]先生对冈先生的说法做了更进一步的补充，他在《日本文化的形成》一书中写道：“吴越是日本人的始祖。”

吴和越到底有什么不同呢？我认为没有什么太大的区别。如果过着同样的生活，又相邻而居的话，就像兄弟吵架有时会比跟别人吵架更激烈一样，吴越之间也常有战争发生。因此，我们还是对吴和越不做太多的区分为好。

例如，吴聚集在靠近长江的一侧，比较而言更趋向内陆；越面向大海，趋向海外。这样说来，日本反倒更接近越。越在现在的浙江省附近。在中国的广东和浙江地区吃生鱼片，这一点也与日本相似。另外，人们都说当时的吴越语可能就是南岛语。也就是说，所谓越并不仅仅指浙江省，相邻的福建、广东都称为越，越南也是越的南边的一部分。

所以，当有人问及越到底是什么的时候，我们还真的不好回答。因为吴越之间发生战争的时候，北方才逐渐把目光投向南方，终于将吴越的一些情况写在历史书上。所以，史书上吴越看起来好像是突然出现的，但实际上它们一直都生活在那里。虽然我们对吴越人的记录、文字等还一无所知，但知道他们拥有锻造刀剑、造船等方面的高超技艺。

北方人盛行做记录，因此看起来好像北方人很伟大。但是，越王勾践之剑也是非常了不起的。中国文物展在日本举办的时候，展示了越王勾践之剑。虽然那柄剑两千多年来一直深埋于地下，但出土后仍然锋利。它有非常锋利

① 冈正雄（1898—1982），日本民族学者，历任文部省民族研究所部长，东京都立大学、明治大学教授，东京外国语大学亚非语言研究所所长等。著有《古日本的文化层》《异国人及其他——日本民族·文化的流源及其日本国家的形成》等。

② 宫本常一（1907—1981），日本民俗学家。代表作有《被遗忘的村落》《栖居于山间的人们》《庶民的发现》《民俗学之旅》等。

的剑刃，刃上带有格子花纹。听说用现在的技术还不能造出这样的剑来，而当时越国就具备了那样的先进技术。

也许历史学家听了我的推测会不高兴，但我还是认为这个叫越的民族可能就是商人后代。上文说过，商灭亡的时候商人被迫分散到各地。我认为其中的一支可能来到了山东半岛附近。然后，他们又从山东半岛一直南下到南方，住在海岸线一带，最后形成了越。

商的灭亡是在公元前 1050 年，而越的灭亡是在公元前 473 年。这期间，大约有 600 年没有任何记载。商原来就在南方，且人们住在“高床式”[①] 里。越（夷）也是如此。另外，商人和越人都习惯蹲着、不让臀部紧贴地面等，这些习俗都说明商和越出自同一族系。来宫古岛采集珍贵贝壳，也是从越地出发较便利。因此，我认为所谓吴越可能就是拥有高度发达文化的一支商人。

如果吴越是商，当然会有人反驳说，为什么没有记录？殷商不是发明文字了吗？但是，当时连国王也是不学习文字的。学习文字的只有做记录的人和巫师。这种情况在埃及、美索布达米亚也是如此。

比如，与刘邦争夺天下的项羽也只会写自己的名字。他说：“那种东西不需要，让差人写不就行了嘛。”我想恐怕刘邦也不会写字。

写字是一种特殊技能，王室里的巫师、官员等，即只有神职人员为了记录某种事物才使用文字。当时文字还没有普及到一般人。因此，我想来到南方的那支商人也不懂得文字。

越王勾践的臣下有一个著名参谋叫范蠡，他在越灭掉吴之后去了山东半岛。他对勾践的评价是：“越王勾践只可同患难不可共享乐。”范蠡认为，勾践被吴国打败准备报仇时，是一个可以共事之人，但灭吴后却是一个独享其乐的人。于是，范蠡逃跑了。我认为范蠡之所以逃到山东半岛，是因为在那一带的沿海有与越民相同的人。据说范蠡后来成了一个大富翁。刚才提到了

① 高床式是“高床式住居”的略称。高床式住居是指竖起几根柱子，上面放上床等而形成的房屋样式。这种房屋形式在东南亚地区多见，具有雨季时防洪防湿，旱季时防暑通风的功能。

徐福这个人，他就是从山东半岛来到日本的。

我认为，徐福是在公元前219年由秦始皇出资来到日本的。他先欺骗秦始皇说："日本有长生不老药，只要出钱我就能给你取来。"接着他又说，如果不把三千童男童女和百工以及五谷的种子带过去，对方就不会交出那长生不老药。就这样，他与三千童男童女和百工集体移民到了日本。

虽然多数日本人认为徐福来日本这件事是传说，但是，这根本不是什么传说，而是事实。有一位在徐福来日本20年之后出生的人，编写了一本《淮南子》，上面记载了徐福来日本的这件事。作为与《淮南子》的作者同一时代发生的事情，不可能是神话。中国有人认为，这个徐福可能就是日本人的始祖。但是，我认为从商王朝时居留宫古岛的人，才是日本人的始祖。

越海之民

商纣王强行掳走西伯（周文王），将他监禁在羑里，西伯内臣献上“形形色色”的贡品，纣王才下达赦免旨意。《史记·殷本纪》记载，所谓“形形色色”的贡品是一些美女、奇珍异宝、千里良驹之类。《周本纪》则更为具体地指出所谓贡品乃是“有莘氏之美女”“骊戎的文马”[①]“有熊氏之九驷[②]”。

《淮南子》中写道，周朝在这一时期“于是散宜生乃以千金求天下之珍怪，得驺虞、鸡斯之乘，玄玉百工，大贝百朋”。在流传甚广的吕尚（太公望）撰写的《六韬》中记载：“求珍物以免君之罪，九江得大贝百冯……”

由于“冯”与“朋”同音，所以在此同样表示计数单位。提到当时的珍宝，已经知道的便有美女、名马和贝壳。由于宝物、钱财、货品、献礼等与财物相关的词汇使用“贝”字为偏旁的字较多，由此可见古代中国贝壳实乃贵重之物。除了中原地带，实际上明代云南少数地方也将贝壳用作货币。

周文王时期处于公元前1000多年前。距今约3000年，位于中国西部的

① 骊戎是一个国家的名字，文马则是身披华丽五彩鬃毛、通体赤红、双眸金黄的宝马良驹。——作者注

② 驷是四匹的意思。——作者注

周王朝要得到一枚贝壳确实是一件特别困难的事情。即使贝壳稀有，也不是无论什么样的贝壳都那么贵重的，另有一种名为“子安贝”的珍贵贝壳。财宝大多物以稀为贵，而中国这种贝壳出奇地少。15 世纪的云南，用作货币的子安贝，主要是从琉球运过来的。

《本草纲目》中，明朝的李时珍这样说道：古人为了用于交易以珍贵龟甲为货币，两枚为一朋。如今，只有云南仍在使用，并称之为“海蚆”。所谓“朋”是指两枚，如果那样的话，为了西伯的赦免而征集的“大贝百朋”就是两百个“宝贝”。但是，《淮南子》的注释里写道：“五百为一朋。”数字相差很悬殊。明宣德九年（1434）从琉球进贡的贡品明细中记载：“海巴[①]五百五十万个。”

《诗经·小雅》中则在一则名为“抚我以百朋”的信笺上记载：“货贝五枚为一朋。”但无论如何，对“朋”这个单位都似乎众说纷纭。

作为财宝的贝壳在秦朝以后就只在文字中留下它的痕迹了。明代使用贝壳的就只剩下云南之类的偏远地区了，比起先秦时期，明代交通运输手段更为发达，所以收集贝壳的手段也与时俱进。即使是云南地区使用贝壳，也只是为了货品交换，实际上贝壳早已失去了它作为财宝的价值。进口 550 万枚贝壳，每枚价值才一文钱。事实上明代的贝壳价值与再上溯 2500 年的贝壳早已无法相提并论了。

珍贵贝壳成为中原地区的至宝，一定是那一带很难得到，大陆沿岸很少见到，而日本群岛南半部分是珊瑚礁的主要产地。这便是柳田国男在他的《海上之路》中提出的中心主题。

由于珍贵贝壳在中原无法随手可得，这便使珍贵贝壳成了中原至宝。珍贵贝壳的资源在朝鲜半岛到马来半岛的大陆沿岸地区也十分稀缺，在这种情况下一种叫“西普尔莫内塔”的散发黄色光泽的贝壳脱颖而出，其在天然美之外又被赋予了稀有价值。

---

① 一种大贝壳，即“宝贝”“子安贝”。

由于是至宝，所以人们都拼命想要得到它，首领们也纷纷下令寻宝。在财产私有制的时代，装饰物成为必需品。要么从来自产地、携带这种贝壳的人们那里购买，要么直接前往产地采集。无论如何，当时都有人往来于日本南部和中国大陆之间的海域。

所谓往来，随着时间的推移未必会越发频繁，因为珍贵贝壳有魅力、有吸引力，人们才会不断往来。珍贵贝壳失去了其固有的地位，那在大陆方面看来，东海的岛屿便失去了魅力。东海岛屿上的人们通过带去珍贵贝壳来换取大陆有魅力的物品，但是由于后来这种贝壳再无人问津了，所以渡海之事也变得没有意义了。

此间往来交流的兴衰，因为是在有历史记载之前发生的事情，所以没有文献为证，只能进行推测。只有从中国的古墓出土的珍贵贝壳，能够证明当时的确存在贸易往来的事实而已。

1923 年在冲绳县那霸市郊外的城岳贝塚中出土的中国战国末年的刀形币，现在收藏于东京大学考古学研究室里。长 13.5 厘米的刀形铜钱取代了珍贵贝壳的货币地位。它是在珍贵贝壳的主产地出土的，法定货币的更替向我们徐徐展开了历史的画卷。即使出现了铜钱，贝壳凭借它独特的美也能够继续维持其作为装饰品的价值。然而，它已经不再是能带来巨额财富的财宝。权衡海上的危险性，冒险者自然会逐渐减少。

殷商王朝有想成为东方霸主的迹象。有学者认为，东方有可能是夷族的天下。中国的傅斯年（1896—1950）在《夷夏东西说》中写道："殷是在东方海滨之地崛起的民族。殷之兴起的力量源泉是什么呢？如果是凭借经济上的实力，财富的象征珍贵贝壳便被大书特书。"不过，实力应该在采集贝壳或是在交易的过程中产生的。

根据殷墟出土的甲骨文可知，殷商末期，商不停地向东方调兵遣将。当时，经济来源似乎出现了问题。商纣王几次御驾亲征东方。败给周武王后一定是因为在多次东方远征中商纣王失去了人心，军队里也一定弥漫着厌战的气氛。牧野之战便发生了 70 万殷军不战而倒戈投降的怪事。纣王似乎是一位有决断力的领袖，虽然察觉到了国家危难，但是他不得不向东方派兵。由此可知，东方一定有极其重要的东西。我觉得在那里能够看见散发着奇特的黄色光泽的珍贵贝壳。

作为主角活跃在珍贵贝壳时代的，自不必说应该是大陆东南沿海一带的人文了。那里有被称为“越”的一群人。由于海上生活必需，他们习惯留短发并刺文身。刺青是一种护身符，可保护身体不被海中的怪物袭击。

春秋末期，越王勾践（前 496—前 465 年在位）登上历史舞台。而越国也作为东南夷的一支政治势力突然崛起。在那个时代，珍贵贝壳的影响稍显薄弱，但尚有余光，再加上海上活动使越国力量不断壮大，甚至打败了势力庞大的吴国。

原本越氏一族就带有浓厚的海商色彩。《史记》中记载，越国名臣范蠡就决定在后半生做个大商人。范蠡辞官之后，乘船前往山东半岛，那艘船上载着大量财宝。

越过东海的波浪，越氏一族来到此地采集珍贵贝壳，应该有人留了下来。比嘉春潮①在其《新稿冲绳的历史》一书中，关于冲绳民族形成有这样一段叙述：“到今天还不清楚这些群岛上是否存在更为古老的原住民。虽然尚无考古实证，但据民俗语言学的考察来猜测，在中国古代贝壳就是货币的时期，中国东南沿海地区的百越族中的一小族分支，似乎就是曾经往来于古时贝壳产地琉球列岛南部的一个岛屿，后来定居下来形成的部族。”

越氏一族由于分离成多个小氏族而称为百越。分离为多族一事也成了这个民族的特征。这不由得让我想起《魏志·倭人传》中所述，日本也是一个分成多个小国的国家。

刘邦抗秦攻打咸阳之时，百越军队施以援手。无论是《汉书》还是《史

---

① 比嘉春潮（1883—1977），日本民俗学家，冲绳历史、民俗研究家。

记》，对这件事都只是轻描淡写，但我认为百越军对刘邦称霸天下一事做出了巨大贡献。刘邦所立的诸侯王中唯一一位刘姓以外的长沙王吴芮，便是带来百越援军之人。他由于这一功绩得到了皇帝的嘉奖，真可谓不可磨灭之功绩。百越，即各支越族纷纷援助刘邦是因为他们都受到了秦的压迫。秦始皇屡次从琅琊到会稽巡狩，但那里是越氏一族以前的领地。巡狩是一种示威行为，百越人民一定也遭到了迫害。

秦代虽然统治时间很短，但当时的国民无处不遭受着压制，亡命天涯者也应该不在少数。秦国的势力已经辐射普天之下，率土之滨，要想逃离，必须奔向大海。当时难免有不少人为抵抗秦的暴政而视死如归——踏入了东海。

入海后也有不少幸存者历经磨难，登上东部诸岛。因为必须乘船渡海，所以无论什么样的亡命者都要依靠越族的力量。

勾践以后，越国到底怎么样了，历史记载不详，后世不是很清楚。那是一个对做历史记录没有热情的民族，但似乎越海之民的历史是理解包括日本在内的东亚古代史的重要线索。

古代的中日往来

世界上有许多族群对外部世界抱有好奇心，但达到日本人那种强烈程度的则为数不多。这些话我多次说过，也写过。人们都说日本锁国长达两百多年，但实际上，在锁国期间，日本一直规定与长崎保持通航的荷兰人须提供《阿兰陀风说书》[①]（荷兰版世界局势报告书，以下称《荷兰风说书》）。日本虽处在锁国的状况下，但想要了解外部世界的好奇心并没有丝毫减弱。《荷兰风说书》是关于世界形势的报告书。在同一时期，清政府由于礼仪问题，拒绝了与外国的交往，致使国家处于闭关锁国的状态。清政府不像日本那样想要了解外部情况。

NHK 播放的《丝绸之路》是中日合拍的，我也参与了此项工作。在与相关人员的接触过程中，我感觉日方的工作人员热情特别高，而中方人员则似乎不是那样。对于其中的原因，我也按照自己的思维方式进行了思考。我觉得似乎可以在两国的神话传说中找到问题的答案。

---

① 《阿兰陀风说书》，是日文名称。其中“阿兰陀”指荷兰，“风说”本义为谣言、传言，意为荷兰版世界局势报告书。西方势力东进的前夜，幕府表面上采取了闭关锁国的政策，实际上则通过风说书制度积极主动地搜集海外情报，了解外部世界动态。德川幕府规定在长崎入港的中国、荷兰商船必须向长崎地区最高行政长官长崎奉行报告海外局势，这种报告书统称为“风说书”。

日本的神话传说，无论是天孙降临①，还是神武东征②，内容全都是主人公从外边来到这个国家的故事。与此相反，中国神话却是在中原获罪的某人被送到外边之类的内容。《史记》中的《五帝本纪》也采用这种记述方式。例如，将在建设事业中失败的共工流放到北方的幽陵，使之成为北狄；为追究推荐共工的责任，将驩兜流放到南方的崇山，使之变为南蛮；将治水失败的鲧封闭在东方的羽山上，使之变为东夷；将扰乱治安的三苗迁到西方的三危，使之变为西戎。

日本人所看到的“外”，是指自己的祖先历经艰苦跋涉而走过来的路，有着令人仰慕的起源，当然他们对此怀有强烈的憧憬。

中国人所看到的“外”，是指做了坏事的恶人被放逐的场所。中国人对那样的地方绝不会憧憬，对外多取冷眼观察的态度。

人们说，神话传说在某种程度上反映了历史事实。虽然在日本有骑马民族说、海上之路说等多种传说，但是一般认为日本的基本民族来自外部。这一点毋庸置疑。

对于没有文字记录的时代，我们只能通过遗迹和推理把握其大致轮廓。遗迹越多，轮廓就越清晰。“古代中日交往”这一题目，恐怕也是今后的考古发现越多就会越清晰。

中日交往的文字记录，现在以《史记》的徐福一项最为古老。那是秦始皇二十八年（前 219），徐福上书要出海求仙的记载，及秦始皇三十七年（前 210）秦始皇到琅琊再会徐福的记载。《秦始皇本纪》中的记述极其简略，但在同部《史记》的《淮南衡山列传》中，家臣伍被劝谏淮南王谋反一段，则比上述记述稍微详细一些。根据这项记载，徐福出海后遇到海神，海神说因

① 天孙降临，是指神道中的太阳女神天照大御神的孙子琼琼杵尊，从高天原降临苇原中国（日本）。降临之时天照大御神授三神器与他约定世代统治日本，这是天壤无穷神敕，是日本人自称天孙民族的原因。

② 神武东征是日本神话中第一代天皇神武天皇自日向（今九州宫崎县）出发，向东征服大和的故事。

为谢礼少，只给他看“延年益寿的药”。于是，徐福向秦始皇索要了三千童男童女、五谷种子、百工（技术工作者）等。

因为这次出海要乘载三千多人，所以应该是大船队。我们不能轻视古代的造船技术。另外，司马迁并没有把徐福的故事当作神话传说来讲述，因为他是在徐福出海仅仅过去七十多年之后出生的。至于向淮南王讲述徐福故事的伍被，徐福大概跟他的父亲是同时期之人。

《史记》记述准确，已有定评。在《殷本纪》上详细记载了商王的谱系。曾有人说，那些虚构的王名是根据五行说捏造出来的，白鸟库吉也持这种观点。他认为商王朝本身也是虚构的。然而，随着殷墟的发掘，刻在甲骨片上的卜辞被发现。商王的谱系上出现的30个王，除了在卜辞上的还有三人尚未被确认外，其他名字已证明大体上是正确的（虽有“庚”和“康”“太”和“文”的误写）。司马迁是距离商灭亡千年之久的史家。

虽然记录从徐福开始，但不能说在徐福以前中日就没有交往。我为NHK电视台的《海上丝绸之路》第6集点评如下：

> 中国古代史是以中原为中心写的，所以大海很少出现。当然，史书上没有记载的东西，并不意味着都不存在。
>
> 作为沿海势力的代表——春秋最后的霸主越王勾践是突然出现的。那只是突然出现在史书上，《史记》显示勾践是作为越王家二十多代的主人。我们只能说，浙江沿海势力进入中原人的视野始自勾践时代。

至少拥有政权的政治集团在浙江沿海延续了二十几代，只是它没有被记录下来而已。如果一代以30年来计算，越王家族至勾践时代已有600年的历史。勾践死亡的年份加上600年，实际上接近了商朝末期，难道不是吗？这不得不让我想起柳田国男在《海上之路》第16章说过的一段话：

支撑商王朝进入中原的背后势力在东方。现在基本弄清楚的是，在所谓的东夷海上经营中，有一大部分是供应珍贵贝壳。

据说商的实力是珍贵贝壳，也就是说子安贝是其实力的源泉。商是发明甲骨文字（最早汉字）的鼻祖。现在我们所使用的表示财产关系的汉字，如“貨”“赐”“赠”“買”“賣”“寶”“贩”“贮”……都带有“贝”字旁。并且子安贝在大陆沿海采集不到，因此非常珍贵。

子安贝产自珊瑚礁上，在日本的南部特别是琉球群岛的宫古岛上特别多。傅斯年在《夷夏东西说》中认为，商是在东方海滨兴起的民族，夏是在西方内地创造了文化的民族。但是，内藤湖南[①]却认为夏是东方，商是西方内地，其主张恰与傅斯年相反。无论是哪种情况，古代王朝都曾以珍贵贝壳为其势力的源泉。采集珍贵贝壳最得地利的地方是浙江、福建沿海。我们在那里能够朦胧地看到越王勾践的祖先形象。

虽然为了寻求珍贵贝壳，由冒险家们所开展的中日交往肯定相当频繁，但是这些内容却未被记录下来。如果交往持续下去，或者被记录下来，或者会留下更清晰的痕迹。但是，随着铜的出现，珍贵贝壳的货币地位被夺走，交往也就中断了。柳田国男在《海上之路》第 21 章写有这样一段话：

商对珍贵贝壳的需求没有那么强烈了，商人赌上身家性命，甚至勇闯波涛巨浪去追寻珍贵贝壳的那种热情也就没有了。这是比徐福的罗曼史更加久远的往事。商人把那个出产珍贵贝壳的岛屿叫作“我之岛”，如果留在岛上的人开始安居下来，他们不久就会感到生产用地不足。于是，他们就物色容易到达的邻近岛屿。这种行为是

① 内藤湖南（1866—1934），本名虎次郎，字炳卿，号湖南。今日本秋田县人，日本近代中国学的重要学者，日本中国学京都学派创始人之一。著有《内藤湖南全集》共 14 卷。

与视线所及之处以外的冒险根本不同。我认为最大的困难在于缺乏种植稻米的合适地方。

柳田的意思是说，古代中日交往的黄金期是为采集珍贵贝壳而合作的那段时期，但不久就转到了水稻种植上。我认为珍贵贝壳和水稻之间有相当长的间隔期。而第二个黄金期是徐福时代。

从秦始皇时代与徐福这个人物的组合来看，我觉得在这一时期的中日交往中，摆脱政治压迫的亡命因素更多一些，长生不老的仙药不过是操纵剧情的幕后角色。

据说，徐福给日本带来了五谷的种子。当然，不仅仅是种子，技术也一同漂洋过海地被带来了。因为随行人员中有百工，其中不仅有农业技术能手，还有渔业专家。也许是他们来到日本后向原住居民传授了捕鱼技术。

从绳文时代[①]转到弥生时代是在公元前3世纪左右，弥生时代一直持续到进入古坟时代的3世纪。在中国，相当于从徐福一直到三国时代，这一时期或可称为“亡命交往”的时代。

因为徐福与秦始皇接触过，所以他才被记录在历史上。不能说未被记录的第二个徐福、第三个徐福就不存在。我们必须承认，在记录下来的历史背后拥有数倍于这个数字的类似事实。

另外，在日本，好像绝大多数人都认为徐福不过是个神话人物。但是，我想最后再重复一遍，并将这种少数派的声音传达出去：徐福出海是司马迁记录下来的事情，而司马迁正是那位连1000年前的商王谱系都能准确记录下来的史学大家，而徐福出海距司马迁出生才不过70年而已。

---

① 绳文时代（约前10000—前300），日本的新石器时代，因使用绳文式陶器而得名。其文化称绳文文化。日本的北海道到九州直至琉球群岛均有这一时代的遗迹。绳文时代的人们以村落的形式聚居在河边或沿海地区，以狩猎、捕鱼和采集为生，晚期出现稻米种植。

方士的故乡

19 世纪中期之前，日本和中国都曾实行闭关锁国的政策，当时仅有日本的长崎和中国的广州分别打开一扇小窗，零星地进行对外交易。不过，长崎和广州都分别与当时的政治中心江户和北京相距甚远，因为偏安一隅，偷偷摸摸做一些事情，也都会被宽大处理。

长崎只允许同荷兰和中国进行交易。荷兰东印度公司的商船和从浙江省宁波起航的所谓“唐船”进入了长崎港。而广州曾经一度门户大开，但交易的对象并非政府而是被俗称为“民间十三行”的贸易商，在背后监督他们的是户部（相当于日本的大藏省）。

如果想从日本去中国，可以向广州派遣贸易船，但在广州的港口没有出现过日本船的身影。虽然中国船只要到长崎去，但日本船从来不去广州。这种奇怪的贸易关系一直持续到明治时期。

明治六年（1873），日本和中国（当时是清朝）缔结了《修好条规》，条规中相互承认领事裁判权，但互不承认对方的最惠国待遇，总让人觉得是一个奇怪的条约。不过，这个条规行文却格调高雅。

外务卿副岛种臣为批准条约前赴北京，他的任务不得不说有点复杂。当时副岛外务卿肩负的是同清政府交涉琉球的渔民漂到台湾被杀害的事件，同时还要祝贺大清皇帝（即同治皇帝——译者注）结婚。无论如何，两国还是交换了批准书，开始依据近代国际法进行两国间的交往，时间是当年的 4 月 30 日。

最近经常使用的是“邦交正常化”或“邦交恢复”等之类的字眼，而当时或许应该使用“邦交开始”之类的表达方式。

那个时代的日本人，把修习中国的经典当作必备的教养，他们通晓中国的历史，尽管仅限于一部分阶层，但他们都是日本的领袖。而对于当时的中国人来说，日本还是个几乎不为人所知的国家，通晓日本历史的中国人寥寥无几。19 世纪中期，中国人的日本知识简直无从提起，也许沿海的人们常从他们的长辈那里听到一些倭寇的故事。这些故事，讲着讲着也就变了味。

提到日本，中国人一定会先想到那个横渡大海的徐福的子孙的国度日本。不得不说，徐福在中国的知名度要比在日本更高。

徐福是方士，方士是使用方术之人，而方术当时包括所有超出人类常识的技巧。因此，也有人将其称为妖术或仙术，其中包括卜筮、占验、星相、禁咒祈祷，甚至还有医术。在现代人看来，将医术和卜筮相提并论未免有些奇怪，但对于古人来说则不足为怪，能够拯救生命垂危病人的能力一定让人觉得源自一种奇怪的法术。因而，作为掌握这种不可思议的法术之人，方士既为人所惧怕，也受人尊敬。

在古代，科学和迷信微妙地混合在一起。医术中既有科学的治疗方法，也有迷信的治疗方法。例如，星相一定兼具天体观测的科学知识，卜筮也运用了统计学的初步知识。

《史记》中徐福是以“徐市”的名字出现的，现在徐福更为人所熟知，所以就约定俗成了。徐福是齐人，住在现在的山东省。秦始皇二十八年（前 219），秦始皇在山东海边的琅琊筑台并刻石，碑文盛赞秦朝的功德。之后，秦始皇又在琅琊停留了三个月。徐福就是在这一期间上书的。

秦始皇一心求仙，他认为能找到仙人就能获得长生不老的仙药。徐福上书："言海中有三神山，名曰蓬莱、方丈、瀛洲，仙人居之。请得斋戒，与童男女求之。"

秦始皇统一了天下，现世的欲望全部得到了满足，但他会老，也会死，这一点与凡人无异，因而他对长生不老的憧憬更为强烈。普通人想求得长生不老的仙药似乎是痴人说梦，但对于秦始皇而言，似乎并非遥不可及。

秦始皇命徐福带领数千名童男童女去寻找仙人，也一定给了他数不尽的金银财宝。有一种说法是，徐福的最终目标就是这些财宝。在人作为生产力主体的时代，除金银之外，分配给徐福的数千童男童女也是一大笔财产。

现在无人知晓徐福是否真心想寻找海上的三神山。琅琊位于山东半岛的南部，从此处出海，好像会漂流到朝鲜半岛的南部或日本的九州地区。然而，徐福似乎没有进行大航海的意思。

徐福总是搪塞说："陛下，求得蓬莱仙药不为难事，只因海中蛟鱼作祟，求善射之人，除之求仙。"

《史记》中并未记载秦始皇是否允许善射之人同行，但徐福的这一借口是在秦始皇三十七年（前210）提出的，这时距离他之前的上书已经过去了九年。而且，这一年秦始皇驾崩。因秦始皇是从琅琊返回的途中驾崩的，即便是允许善射之人一同前往，也难以落到实处吧，因为不久后天下再次大乱。

有一种说法认为徐福对乱世深感无望从而打算到东海去开辟新天地。如果是这样，那就要将他要达成的计划付诸实施，这与秦始皇是否死了无关。然而，这九年间一拖再拖，他肯定是想将秦始皇作为砝码，尽可能多地积累财宝。这种想法才是最自然的。不仅如此，更为有趣的是，有一个浪漫的传说称徐福和童男童女一起抵达了日本的熊野。

受秦始皇之托寻找神药的人不止徐福一人，除此之外《史记》中还能看到韩终、侯公、石生等人的名字。如此看来，秦始皇被不少方士耍弄，给人一种老好人的感觉。然而，耍弄一个专制皇帝并不容易，可谓有性命之忧。

在秦朝的法律中，有“不得兼方，不验辄死”的规定。意思是说，不允许方士兼有两种以上的法术，要有严格的专业限制，例如不允许兼任医术和卜筮。效果好则另当别论，如果“不灵验，动辄就会被处死”，可见相当残酷。这些戏弄秦始皇的方士必须找各种借口，努力为自己辩解，说不是不灵验，而是只差一步了。徐福也辩解说自己说的话没错，只怪有大鲛鱼挡路。秦始皇是点头说“原来是这样啊”还是摇头说“你在说谎”，完全看他当时的心情。方士们实际上就是在走钢丝。

不知是否将各种辩解方法都用尽了，卢生和侯生（也许和侯公是同一人）这两位方士逃走了。秦始皇大怒，便开始严格审讯他们的同党。接受审讯的这些人相互检举，遂将犯禁的四百六十余人处以活埋的刑罚。

焚书和坑儒经常连在一起说，但焚书和坑儒是两回事。根据李斯的进言，医药、卜筮、种树园艺以外的书籍特别是与儒学有关的书籍都烧掉，是在秦始皇三十四年（前 213），而将学者活埋在大坑中则是在第二年。在焚书的同时，众多儒生或许是被流放了。被活埋的学者在《史记》中记载为“诸生”。因为受到审讯逃亡的方士的连坐，“诸生”中肯定有很多方士。所以，坑儒并不是准确的说法。遇难的不是儒生，更多的是文学和方术之士。当时，秦始皇曾说：“吾前收天下书不中用者尽去之。悉召文学方术士甚众，欲以兴太平，方士欲练以求奇药。今闻韩众（终）去不报，徐市等费以巨万计，终不得药，徒奸利相告日闻。”

此处出现了徐福的名字。秦始皇并不是愚蠢之辈，他已经察觉自己好像被要弄了，听说这些方士就是为了谋取“奸利”。徐福打算渡海，没有前往国都咸阳，自然会在琅琊的海边。也正是因为远离国都，才没卷入卢生和侯生逃亡的事件之中。但是，接下来他也出现了危机，秦始皇要巡幸琅琊。如前所述，这时徐福便以大鲛鱼为借口摆脱了这一险境。

方士们不乏利欲熏心的诓骗之徒，他们对平民百姓不感兴趣，皇帝、诸侯、大富豪等才是他们的猎物。越是财大气粗的人，也越愿意跟方士打交道。

秦始皇是这样，汉武帝也是如此。

汉武帝起初偏信方士李少君，并予以优待。虽然李少君得病死了，但武帝认为他没有死，而是成了神仙。之后武帝又起用了方士齐人少翁。当时，武帝心爱的王夫人去世，少翁说他可以从另一个世界把她召唤回来，在武帝面前现身。他用了什么样的法术呢？似乎是让一个模糊的女人身影隔着幔帐现身。于是，武帝便任命少翁为文成将军，但文城将军少翁或许因为过于焦急而露出了马脚，最后被杀。他让牛吃下写有文字的绢帛，向武帝报告说“此牛腹中有奇物”。杀掉牛后将牛解剖，果真取出了带有文字的绢帛，但调查笔迹后发现实际上是人为之物。武帝担心自己上当受骗之事传出去遭人耻笑，所以没有将此事公开。

后来一位名为栾大的方士被推荐给武帝，他和文成将军少翁在同一位师父门下学艺。栾大身材魁梧，长相俊秀，似乎有吸引女性的魅力。武帝把长女许给他做妻子，并赐予他五利将军的称号。五利将军住在豪宅里，金银珠宝堆满了屋子，还有上千名仆人伺候着。就连天子也曾到访五利将军的宅邸。方士们纷纷说：“那个家伙能做的事，我也能做。”他们似乎深受刺激。

《史记》记载：“而海上燕齐之间，莫不扼腕而自言有禁方、能神仙矣。”燕（河北）和齐（山东）的海边，谁都扼腕声称自己掌握禁方（秘密的方术），具有神仙之术。

栾大的出身并不清楚，少翁是齐国人，与徐福是同乡。秦始皇身边的方士卢生是燕国人。上述栾大的成功而令方士们群情激昂，据说这些方士就是燕国和齐国的待诏候选者。由此可知，从河北到山东的沿海一带是方士的故乡。

在这海滨地区时常会出现海市蜃楼现象。因为亲眼见到现实中不可思议的现象，这个地方的人似乎都相信有神仙存在。因为有人相信神仙存在，所以就会出现学习称为“方术”的奇怪技艺之人。照此说来，可以说海市蜃楼催生出了方士这个群体。

但不可思议的自然现象不仅仅有海上的海市蜃楼，同样的现象在山中和沙漠中也会出现。当风吹动沙丘时会出现军队行进的声音，三藏法师也曾在沙漠中听到妖魔军的阵鼓声。此外，在云雾升起霞光笼罩的山林中，同神仙联系在一起的怪现象也不少见。

历代史书中一定会有“隐逸传”，记载那些没有做官的贤人的事迹，但为方士立传的却不多见。最初撰写方士列传的是《后汉书》，书中记载了34个方士的略传。现在我们根据《后汉书》对方士的户籍做一番调查。

令人意外的是，河南出身的方士很多，其中汝南人特别突出，好像汝南经常出现妖怪。从费长房（也是汝南出身）传可知，汝南每年都会出现“魅”（妖怪），化成身着正装的太守，在衙门口击大鼓。据说费长房制伏了化身的鬼怪，它本是一只甲鱼。

《后汉书》记载的34位方士，出身不详的有4人。出身不明才更像方士，但只有4个人，确实有些少了。在户籍明确的30人中，以汝南为中心的地区占了8人，其次是以蜀郡为中心的四川，或许因为四川是五斗米道大本营的缘故吧。汝南出现的是像甲鱼一样的水中妖怪，而四川的地貌决定了那里的妖怪一定与山有关。四川出身的方士占6人。从陕西进入四川的汉中地区，到处都带有浓郁的四川色彩。汉中出身的方士有两名（李郃和樊志张），加上四川出身的方士，汝南就达到了8人。这两地的方士占了东汉方士总人数的一半。

曾经是方士故乡的山东却出人意料地仅有4人。尽管如此，在总数30人的方士中，4人也已经超过了一成。

总的来说，方士的故乡主要分为山、河、海三个群体。汝南是在黄河和淮河水系混杂的地区，四川到处是山，山东则在海边。会稽出身的两名方士（韩说和谢夷吾）在浙江沿海地带，他们与山东的4人合在一起，海边的群体便有了6人。

在《后汉书》中，方士传以外的普通传记也记载了擅长道术之人。学者张楷通晓《春秋》和《尚书》，精通方术，据说他还能用法术造出“五里雾”。张楷的父亲张霸是官至会稽太守的人物，出生于蜀郡成都，也就是说他是四川人。他临终前，留下遗言，表示蜀道过于遥远，就葬在当地。因此，其子张楷可能年幼时在四川生活，之后跟随父亲去了其就任地，在那里长大成人。他在有山的四川出生并在有海的会稽成长，所以才能将山与海的法术结合，制造出了五里雾。

即使在方士传中，像华佗这样的医生也必须加以区别。然而，当时的医术或多或少地都带有妖术的痕迹。

另外，这里叙述的《后汉书》“方士传”中的 34 人，是作为传记的传主而确定下来的人数，而像精通针灸的名人樊阿等在其他传主（华佗）的传记中提到的人物，则没有计算在内。

东方桃花源——有关徐福

桃花源是中式乌托邦，说的是成功逃出秦朝暴政的一群人隐匿在人迹罕至的武陵，对秦亡汉兴、三国兴亡与魏晋交替都全然不知。陶渊明（365—427）的《桃花源记》中说的便是此事，闻听太元年间（376—396）有人曾前往此处，尔后不再有人前往，600年间与世隔绝。

桃花源的故事讲述了老百姓对秦的暴政苦不堪言。尽管秦实现全国大一统后通过严罚最终确立专制体制，但对于险峻的偏远地方却也鞭长莫及，那些逃到深山老林里的人经历的都是亡命之旅。谁都想逃出秦之暴政，却又怯于令人绝望的亡命之苦，多数人不得已只能向秦低头。

不难想象沿海地区想要逃到海外的大有人在。遥想当年一定有许多渡海人浮现在黄海和东海之上。危险自不必说，若想安全，则需投入巨资准备大船。我认为徐福应该是打算亡命之人中头脑非常聪明的。他为了逃脱秦的暴政，谎称知晓长生不老药的仙人居于东方海上三神山上，以此骗得秦始皇出巨资建大船，待一切准备就绪就扬长而去。徐福要求秦始皇派童男童女三千人、五谷种子、百工（技师、工匠等），这难道不是为集体移民做准备吗？

日本把徐福看作一个传说，但徐福出航东海三神山也不过是司马迁出生七十多年前的事，基本上发生在同一时代。按现在来说，就好像现在三十多岁的史家记述甲午战争、日俄战争时期的事情一样，并不是记载神话和传说。司马迁也没有喜欢怪谈的性格。通常说中国历史始于三皇五帝，但司马迁认为三皇时代不过是个神话，断然从五帝开始记述《史记》。而秦始皇的故事中最精彩的，当属燕太子丹派荆轲刺秦王失败一事。司马迁在《史记·刺客列传》中撰述秦始皇当时虽很危险，但连轻伤都未负。据说当时舆论偏袒荆轲，坊间才流传秦始皇实际受了伤的说法。司马迁认为这一说法是谬传，他经过调查使得真相大白于天下。

站在始皇宝座周围的侍卫禁止身带寸铁。荆轲献上地图时图穷匕见，除了佩剑的始皇外无一人携带武器。侍医夏无且急中生智，将手中的药箱扔向刺客。夏无且是御医，所以在场，他很长寿，还向公孙季功和董生二人解释了当时的情况。司马迁又采访了公孙和董二人，终于澄清了始皇是否受伤一说。

徐福东渡时间上比荆轲刺秦王要晚一些。司马迁对徐福一定做了详细调查，与徐福同时代以及亲耳听过此事的人都是司马迁走访的对象。不仅《秦始皇本纪》,《史记》里的《淮南衡山列传》中也提到过徐福。徐福既非传说人物，也非虚构之人，是史上实际存在的人物。我综合多方说法认为他就是集体亡命移民的首领。

从时期上看，刚好是日本从绳文时代向弥生时代的过渡期，我们也可以把徐福东渡看作日本文化转换的一个诱因。我认为徐福背后还有无数想要逃走的人，只是那些人都没有他那样的才华，也没有秦始皇的资助。乘小船东渡成功的“徐福们”即少数渡海者的不断到来，开启了日本的弥生时代。

一衣带水

有一个成语叫作“五里雾中”，意思是什么也看不见，摸不清方向。人们读这个词时，大多会在词中间断句，即先读“五里”，再读“雾中”。以前，这个词经常会出现在日本的入学考试或者入职考试中。例如，看假名写汉字的试题，片假名“ゴリムチュウ”的答案是“五里霧中”。出题者出这道题是有目的的，他们是想抓住“霧”和“夢”的日语读音相同这一点，看应试者是否混淆这两个汉字。“夢中”这个词是日语常用词汇，人们非常熟悉。所以，很容易把“霧中”误写成“夢中”。

2 世纪，中国好像出了很多奇人，他们擅长各种法术。其中有个叫裴优的人，可以在方圆三里（当时的 1 里约 500 米）范围内造雾，把人困在其中。还有一位人物本事在其之上，名为张楷。此人可以在五里内制造烟雾，对造雾颇有心得。人们将其所造之烟雾称为“五里雾”。“五里雾”所覆盖之处，可使人恍然不知所以。形容这种不知东南西北的情况时，就说“如坠五里雾中”。因此，读“五里雾中”时应注意断句，正确的读法是先读“五里雾”，停一下再读“中”字。

类似的情况还有“一衣带水”。我们在形容中日两国友好时，经常会说

“一衣带水”这个词。很多人会在“一衣”和“带水”之间断句。

“一衣带水”的意思是“像带子一样的小水流”，包含“双方是仅隔咫尺之遥的邻居，必须友好相处”这样的道理。“带”可以是热带的“带”，还可以是安全地带的“带”。当特指衣服的带子时，就是“衣带渐宽终不悔”的“衣带”了。

相信爱读《三国志》的人都记得这样一个场景，东汉汉献帝在曹操的权势之下沦为傀儡，于是他将讨伐曹操的诏书藏于衣带之中，传给车骑将军董承。人们将献帝的诏书称为“衣带诏”。那么，像衣带一样的水即为“衣带水”了。像一条衣服带子一样的水当然要读成“一，衣带水”了。本人并不想当一位四处给人穿小鞋的“怪叔叔”，只是忽然意识到，回到事物的原点思考事情很重要。我如此咬文嚼字，请多谅解。

记得哪本书上曾经写过，有人说“一衣带水”，绝不是指像衣服带子一样一跨而过的小河。“一衣带水”实际上是指大河，那种无法简简单单就渡过但又不得不过的大河。

其实，中日两国之间远隔重洋。在造船技术和航海技术尚不发达的时代，中日之间的海洋阻碍了两国的相互交往，很多船只在旅途中遭遇海难。两国间的水并不是衣带般的水，“衣带水”这一说法可以认为是一种勉励之词。

隋文帝将宽阔的扬子江形容为“一衣带水”。彼时的江南，南朝最后一个朝代陈王朝的君主整日沉溺于游山玩水，江南的黎民百姓却生活在水深火热之中。如果是天涯海角则另当别论，对面的江南百姓不就是与江北一水之隔吗？所以，在隋文帝眼里扬子江只是“一衣带水”。于是他临江发愿，一定要解救对岸的黎民百姓。589 年，隋军横渡长江天险，结束了中国长期的分裂状态，南北归于统一。

人们常说，长崎和上海距离不远，按现代的方法计算，两地仅相距 460 海里（约 850 千米）。这么算来，从长崎到东京的距离都远于到上海的距离。如今，人们出行已经进入航空时代，乘坐飞机的话，确实有点“一衣带水”

的感觉了。“一衣带水”这个词产生于船舶出行的时代。在依靠船舶交通的年代，能够讲出“一衣带水”还是相当有气魄的。《南史·陈后主纪》写道：

> 我为百姓父母，岂可限一衣带水不拯之乎？

古时候的遣唐使船自日本肥前起航，驶往明州（今浙江宁波）。延历二十三年（804），空海、最澄等人渡海入唐，他们出发的日期为阴历七月初六。那么，他们为何选择在刮台风的季节出发呢？据说是因为他们出行前找了巫人或阴阳师。根据天意或神意的指示，他们最后选定了七月初六这一天启程。托了巫师或阴阳师的“福”，遣唐的几个人都倒了大霉。

空海乘坐的第一艘船经过一个月的漂流，最后到达了福州长溪县的海岸，远远偏离了既定的目标明州，这是因为他们在扬帆启程后的第二天就遭遇了暴风雨。最澄乘坐的第二艘船最终到达了目的地明州，但是他们在海上比第一艘船多漂流了二十多天。到达后，船上的所有人都已经精疲力竭，最澄也生了病。

第三艘船折返日本，第四艘船下落不明。可见，搭乘遣唐使船去中国是需要很大勇气的。

承和五年（838），又一队遣唐使船队出航。圆仁乘坐第一艘船，计划于六月三十日出发。一开始，他们为了等待起风而在船上待命，延迟了三日时间。其后，为了慎重起见，第一艘船又在志贺岛以东停泊了五日之久。虽然他们幸运地避开了暴风，但是因为海浪过大导致船驶进了浅滩，他们的运气可谓是差到了极点。当时，搁浅的第一艘船已经十分接近大陆了。后来，是前来迎接的船解救了他们。七月二日，他们终于抵达了东梁丰村。

和空海、最澄相比，圆仁已经是算幸运的了。天气情况算是一个方面，此外圆仁的船上还有一位老练的新罗翻译。此人名为金正南，他让整船人受益匪浅。其实，他不是一位临时翻译，本身也是一名遣唐使。

圆仁将旅途的详细情况写成了游记，即《入唐求法巡礼行记》。通过这本行记，我们了解到圆仁一行在海上多亏了金正南的帮助。到了唐朝以后，圆仁一行也得到了新罗人的百般关照。唐朝时期，有很多新罗人居留唐土，各地还建有新罗人的聚居处新罗院。

圆仁计划留在唐朝学习天台宗，但未能获得唐朝的敕许。一行人中只有圆载一人获准留下学法，其他人必须回国。圆仁矢志不渝，打算以私逃的方式留下学法，遣唐大使藤原常嗣也默许了圆仁的计划，而实际制订出逃计划并施以援手的正是这位金正南。

遣唐使归国时雇用了九艘船，这九艘船全部是新罗船，船上的六十多名水手也是新罗人。

想通过逃走的方式留下的不止圆仁一人，还有惟正、惟晓、丁雄满三人。这些人还从大使那里得到了 25 两银子，所以可以认为这次出逃是得到日本官方鼓励的。回国船队扬帆起航前，四人下船躲入山中，目送九艘船离开。

他们本想化装成新罗僧人，但在宿城村休息时露出了马脚。他们投宿了新罗人家，结果就暴露了身份。

遣唐使船返程的出发地点为楚州，即现在的淮安。淮安号称“运河之都”，是新罗人聚集地之一。像这种水陆交通要冲，往往有很多新罗人居住。圆仁等人被强制押上了第二艘船，经由山东半岛南岸北上，漂往一个名为“乳山浦”的地方。

现在，当地仍然有乳山这个地名。圆仁在此苦苦哀求当地官差，希望能够留下来，但仍未能如愿。雷雨大风也不甘寂寞，时常地光顾乳山。大约过了一个月，圆仁等人被强制要求离开。途中经历了触礁等磨难，他们到达了赤山。赤山位于山东半岛尖端的靖海卫附近。靖海卫在半岛尖端的南部，而半岛尖端的北部正是著名的威海卫。威海卫几乎位于靖海卫的正北，二者一个朝南，另一个向北，隔岛尖遥相呼应。威海卫因中日甲午战争而广为人知。

赤山之中，有一座名为“赤山法花院”的寺院，依靠张宝高施舍的庄园维持香火。张宝高是新罗贸易商人，很有实力，甚至强大到可以拥立新罗王的地步。张宝高捐赠的庄园每年可以产 500 石粮食。圆仁等人自然会选择在该寺借宿了。

某天夜里，圆仁等人计划乘坐的第二艘船扬帆起航了。只是“撇下”圆仁等人出发了。六天后，大使藤原常嗣乘坐的船队到达赤山浦。他们也曾与法花院联络，但是也同样“抛弃”了圆仁等人。毋庸置疑，这是善意的抛弃。

遣唐大使等人返回日本。而圆仁等人因为被“抛弃”而没有办法回去了，他们就自然而然地留了下来。

这样，圆仁开始了长达 10 年的留唐生涯，因为他属于非法居留，所以与官署的交往注定充满艰辛。但圆仁的身份是僧侣，所以他居留的目的比较清楚：巡礼、朝拜、修行。加上他还得到了新罗人的相助，最后圆仁远赴青州，终于获得了官方验证。有了验证公文，他就拥有了自由旅行的权利。换句话说，就是他拿到了中国的“绿卡”。

最初他曾打算南下天台山，后来又改变了计划。他决定先向西拜访五台山。朝拜五台山之后，他又一路奔向长安，准备亲自朝拜唐朝的佛教中心。

据圆仁的游记记载，由青州赶往五台山的途中，他也屡次借宿新罗院。圆仁每到一地就会出示验证公文，只要该地有新罗院，地方官员就会把他领至新罗院。可以说，没有新罗人的帮助，圆仁便无法在大唐求法礼佛。

我们通过圆仁的记述可知，唐代居住在中国的新罗人多得有些超乎想象。据研究圆仁《入唐求法巡礼行记》的专家讲，书中涉及的新罗人数几乎和唐人不相上下。留唐 10 年期间，说圆仁一直生活在新罗人的圈子中，并以这个圈子为中心开展各种活动。

上文提到新罗人张宝高在山东半岛的顶端建立了赤山法花院，该寺完全可以视为一座新罗寺。张宝高身为贸易商人，建立这座寺庙或许是为了祈求航海安全。

翻开东亚地图，会发现从中国大陆探出的山东半岛与辽东半岛、朝鲜半岛呈犬牙交错之势。它们之间有近海相隔，这些半岛可谓“一衣带水”。

朝鲜半岛与中国大陆山水相连。也许你会认为很多新罗人会走陆路到达大唐，即越过鸭绿江、横穿辽东辽西的平原奔赴大唐。实则不然，唐代的新罗人一般会通过“一衣带水”的海路到达中国。

现在中国东北的居民几乎都是山东移民，从东北人讲的方言也可以明白这种情况。东北话一般被认为是山东话的变种。山东人闯关东时，一般不走陆路。他们通常都是走海路。这是因为“一衣带水”的海路更加便捷。走陆路是指越过黄河，穿过华北平原后，经过山海关前往东北。大部分闯关东的人都是利用“一衣带水”之便，由山东半岛直接到达辽东半岛的。

为了方便接纳山东半岛的移民，辽东半岛的最南端开设了“旅顺口”。旅顺是“旅途的顺路”之意，后来发展成为一座军港城市。旅顺曾有一段时期与附近的大连合并，成立了“旅大市”。

称德天皇天平神护元年（765），出使唐朝的藤原清河将要返回日本，日本政府特意派遣高元度前去迎接。据《续日本纪》记载，高元度一行由渤海国正使杨方庆陪同，经渤海道进入大唐。渤海国的西京位于鸭绿江的上游（内藤湖南的观点），由此顺江而下，途经旅顺后奔向山东半岛。这样的行走路线，无疑是渤海道。

的确，旅顺的意思相当于“旅途的顺路”。由旅顺至山东半岛北岸的烟台，直线距离大约只有 90 海里（170 千米）。这个距离与日本下关到韩国釜山的距离差不多。这两座半岛确实称得上是“一衣带水”。

旅顺有个地方名为“鸿胪井”。那么，“鸿胪”是何意呢？古代鸿胪馆是迎接外宾的官署，也是住宿之处。唐都长安有鸿胪馆，日本也有鸿胪馆。日本为了接待来自渤海国的使节，在能登设立了鸿胪馆。除了国都外，太宰府也设立了鸿胪馆。

渤海国的存在时间为 7 世纪末期至 10 世纪初，其领土范围在朝鲜半岛北部至中国东三省东南部一带。渤海国由高句丽遗民建立，而高句丽亡于大唐。

高句丽亡国后，其遗民从唐王朝独立出来。唐不得不承认这一既成事实，起初封其首领为渤海郡王，后又封为渤海王。

渤海国虽然得到了唐朝的承认，但毕竟是通过反抗建立的国家，因此同宗主国的关系很微妙。渤海国与新罗接壤，新罗又是唐的同盟国，所以渤海国与新罗的关系也时而紧张，时而宽松。故此，渤海国在外交中比较重视同日本保持友好关系。渤海国的使节屡次到访日本，与日本文人互赠诗文，成为一时盛景。据说渤海国对日本文化产生了很大的影响。如前所述，日本迎接遣唐使时，会拜托渤海国的使节充当向导，走海路入唐迎接使臣。渤海国早期阶段对唐采取抵抗政策，后来双方关系变得极为密切。可见，国与国之间关系都是由国家利益决定的。

入唐的日本使节与入唐的渤海使节关系非常密切。804 年，藤原葛野麿出任遣唐大使来到唐朝，他在长安与渤海国王子相见。他们本来相约再见，因藤原葛野麿次年必须尽早回国而未能如愿。藤原葛野麿向渤海国王子送上书信，以示告别。实际上这封信是空海代笔的，所以收录到空海的《性灵集》中。此信言简意赅，称得上名篇：

> 渤海、日本地分南北，人阻天池。然而善邻结义，相贯通聘。古往今来，斯道岂息。

这是书信开篇部分的内容。在表达能够遣唐这件事时，文中用了“非常喜悦”这样的辞藻。

迎接藤原清河之前，新罗和日本的关系尚未恶化。我们可以推测当时的入唐路线：遣唐使船先沿着朝鲜半岛西岸北上，经由辽东半岛的旅顺到达山东半岛，然后由山东半岛上岸前往长安。

其实距当时 500 年之前，日本的使节就已经渡海抵达大陆了，《魏志・倭人传》等史书可以印证此事。很多人对关于邪马台国的论争、卑弥呼问题饶有兴趣。其中有一点非常值得注意：

> 景初三年六月，倭女王遣大夫难升米等诣郡，求诣天子朝献。

首先，将此句中的“郡”理解为带方郡（以如今首尔为中心）应该不错。

卑弥呼之所以能够遣使诣魏，是因为司马懿平定了四郡的缘故。景初二年，司马懿率军击败公孙渊，收服了辽东、带方、乐浪、玄菟四郡。这样一来，从朝鲜半岛经辽东至山东半岛的路线便畅通无阻了。而司马懿能够远征辽东也是有前提条件的，即诸葛亮已死。在曹魏远征辽东的四年前，强敌蜀汉的丞相诸葛亮逝于五丈原。《三国志》与东亚的历史密切相连，与日本也有着千丝万缕的关联。

日本下关与韩国釜山可谓一衣带水。朝鲜半岛的政治中心在首尔，而仁川则被视为首尔的出海口。从仁川的角度来看，中国大陆和仁川才是一衣带水。

1894 年中日两国爆发了甲午战争。中、日、韩之间的“一衣带水”成了非常严重的问题。

根据《天津条约》的规定，中日两国应同时从朝鲜撤兵，两国的任意一方向朝鲜派兵，需通知另一方；如果一方派兵朝鲜，则另一方同样拥有派兵朝鲜的权力。

朝鲜政府此时正被东学党起义闹得焦头烂额。

朝鲜与当时的中国是藩属与宗主的关系，从近代国际法的角度来看，当时的中朝关系令人难以理解。这种关系与殖民地、领属关系、保护国等情况又不同。朝鲜国王接受中国的册封，并因此获得前往中国朝贡的权利。所谓的朝贡就是拿着己方的贡品，换回中国皇帝的赏赐，得到的要比带去的多得多，所以是一种有利可图的交易。不仅朝鲜如此，越南、琉球等国也如此。朝贡国获得写有“封汝为某国之王”的诏书后，就等于获得了进行这种有利交易的许可。

原则上，中国完全不干涉受册封国的内政。所以，即便接受了中国的册封，受册封国仍是完全独立的国家。所谓“奉为正朔”是指接受和使用中国的年号和历法而已。换言之，受册封的国家仅需要承担年号和历法的义务而已。但是，如果受册封的国家爆发大规模内乱或受到外来侵略，根据该国的请求，宗主国需尽出兵援助的义务。李氏朝鲜是一个长命政权，持续时间长达 500 年。在其统治末期出现动乱之前，仅向宗主国请求过一次发兵援助，即丰臣秀吉侵略朝鲜之时。

当时中国处于明王朝的统治之下，当朝皇帝为万历皇帝。其实，当时明朝的日子也不好过，由于奢侈浪费，明朝的国家财政相当困难。李氏朝鲜请求发兵相救，万历皇帝最终只能勉勉强强答应。明朝的援军由大将李如松统领。他虽为明将，实际上却是朝鲜族。虽说中国是以汉族人为主体的国家，但自古至今都是一个多民族国家。李如松率领的是货真价实的明军，但也许是一支以朝鲜族官兵为主力的明军。

明朝考虑到丰臣秀吉作乱朝鲜，可能是因为朝贡贸易，因此双方媾和时中国向日本递交了国书，国书上写有“封汝为日本国王”的字样。明朝当时采取的既定方针是“可以册封，但先不许朝贡”。明朝通过册封的形式赋予日本朝贡贸易的资格，但考虑到日本可能会因此作乱，所以具体什么时候能朝贡则视情况而定。根据赖山阳的《日本外史》记载，丰臣秀吉接到明朝的国书后怒毁了国书。但是，这封锦制国书现存于世，并没有损坏的痕迹。而且，当时的文献记载丰臣秀吉接受了“日本国王之印”，接受了明朝赐予的官服，还接待了明朝派遣的使者。可见，《日本外史》为了烘托丰臣秀吉威武不屈的形象而歪曲了史实。

朝鲜在李朝末期再度请求宗主国出兵援助，此时的宗主国已经由明变为清。在明亡清兴的历史转换期，朝鲜承诺奉清朝为正朔。但与此同时，他们在一段时期内仍然使用明朝的年号。朝鲜真可谓严守礼制的国家。其实，朝鲜这样做属于脚踩两只船的行为。他们之所以这么做，也是因为清朝并未直接干涉其内政。不仅如此，清朝也没有强制朝鲜人剃发易服。

当时，朝鲜政府无力镇压东学党起义，所以请求宗主国发兵相助，朝鲜政府实际上是在日本的再三授意下才这么做的。那么，日本政府为什么热衷于此呢？这是因为根据《天津条约》规定，如果清朝出兵朝鲜，那日本就可以顺理成章地出兵朝鲜了。怂恿朝鲜向清朝请求援助，然后从中渔利，这就是日本热心推动此事的真正原因。

首相伊藤博文不必多说，从外相陆奥宗光的外交手腕中也可见其端倪。陆奥外相还著有《蹇蹇录》一书，记载了当时发生的详细情况，我们只要读一读《蹇蹇录》就可轻易了解事情的经过。为了写小说，笔者还阅读了当时清朝的记录——主要是袁世凯（时为清朝驻朝官员）与李鸿章（时任总理外交事务）的往来电文。这些电文无聊至极，读之令人数次掩面叹息。我对袁世凯的印象是——软硬不吃的滚刀肉，他在朝鲜任职期间还比较年轻，常被陆奥外相玩弄于股掌之间。

驻汉城（今首尔）的日本外交官怂恿袁世凯道："东学党如此嚣张，为什么不向朝鲜派兵镇压呢？"日本外交官屡次拜访袁世凯，装出一副自己就是那么想的样子。代理公使杉村和书记郑永邦上演了一出漂亮的双簧。郑永邦这个名字，乍一看像是中国人的姓名，实际上他是地地道道的日本人。他的姓氏为"郑"，或许他的远祖来自中国。郑氏家族在长崎长期垄断着通事（翻译）一职。

当时身在天津的李鸿章终于决定出兵朝鲜了，但他十分担心日本对于中国出兵的态度。如果日本也同时出兵，必将加剧两国军事冲突的危险，因此李鸿章对于出兵朝鲜持谨慎态度。而袁世凯则不然，认为不必担心日本，表示：我与杉村交往甚密，能够体察他的意思，他只关心在朝日本商人的安全而已……

袁世凯给李鸿章发了这封电报。根据袁世凯的观察，如果中国出兵朝鲜，日本充其量只会派出少量军队，保护日本侨民的安全。杉村和郑永邦的表演彻底地欺骗了袁世凯。最终，中国下定决心出兵朝鲜镇压东学党起义。

这又是一个“一衣带水”的问题。中国一旦根据《天津条约》而出兵朝鲜、日本同时派兵的话，则可能会“起个大早，赶个晚集”。《蹇蹇录》中写道：

> 彼我至朝鲜不等距。彼蒸汽船自山海关或大沽出，以相当之速力直航仁川，仅需十二三小时可达目的。而我船自广岛县下宇品港出，直航仁川，则必费四十余小时，相差甚远……

陆奥外相在书中明确地表达了这种苦恼。该书中还直言不讳地列出了解决方案：

> 余等须在领收清国公然出兵通知前两日出兵，即六月五日派大鸟公使搭军舰八重山、出帆横须贺……

这样一来，大鸟公使率领三百海军、一户少佐率领一队陆军于6月9日到达了朝鲜仁川。

尽管日本提前行动，但清军还是沾了“一衣带水”的光，早日军一日到达了朝鲜。6月9日，清军到达牙山湾。但清军全体人员上岸已是6月12日了。显然，清军的行动有些迟缓。

日军虽然迟一日到达，但当天就冒雨赶到了汉城（今首尔）。

具有讽刺意味的是，当日清两国军队到达朝鲜后，东学党起义已经平定，且《全州合约》业已签订完毕。得到消息后，李鸿章决定撤回清军，因为当时的这支清军是他的嫡系北洋军。如果清军撤出朝鲜，那么日本也必须撤军。对于日方来说，这显然是最不期望出现的结果。于是日方开始强调“虽然内乱平定了，但只是表面现象而已”，企图寻找借口拒绝撤军。因为情况“极密”，所以当时未发电报，陆奥宗光急派加藤书记官向大鸟公使传达了训令。

陆奥的“极密训令”内容如下：

> 今日之势已如箭在弦，开战不可避免。因此，当以责不在我为限，采取一切手段制造开战口实。

也就是说这是一场非打不可的战争。陆奥实际上是在向大鸟公使下达战令。“当以责不在我为限……”则是为开战寻找一个冠冕堂皇的理由。而诸如“如箭在弦”“开战不可避免”这类的措辞则相当粗鲁。不仅中日甲午战争如此，在其他战争前也大抵如此鼓吹。笔者认为，如何拉回“在弦之箭”十分重要，也是我们人类面对的共同课题。而且这个课题并不过时，现在也还没有解决。

在个人生活方面，想收回“在弦之箭”都不是件容易的事。要是个人之间的冲突，结果至多也就是互殴、绝交。即便是在冲突中受了伤，有一个星期时间也能恢复得差不多。而拥有武装力量的国家则不然，一旦发生战争，其结果不堪设想。很多人会因战争而失去宝贵的生命，很多人会在战争结束后成为失去亲人的遗属。

中日甲午战争之前有“甲申政变”在先，再之前还有“壬午兵变”。可见，“如箭在弦”的根源相当久远。

“甲申政变”发生于 1884 年，旧历为甲申之年。为了扶植朝鲜亲日政权，日本策动了一次军事政变。然而，这次政变只是昙花一现。政变后没过几天，这个短命政权便以失败而告终。政变的发动者金玉均不过是一个亲日政客，甚至让人觉得可怜。我写小说的时候，参阅过金玉均的日记《金玉均手书日记》，该日记收录于《伊藤博文秘书类纂》中。日记上写有“明治十九年四月写于总理府”字样。如此可知，这份日记是手抄本，大概抄于事件发生的两年之后。读罢日记，有些地方颇令人生疑。甚至会让人觉得：“金玉均真的是这样写的吗？”所以，抄本可能并不是完全照抄原文。原文是用汉语写的，按照当时朝鲜的习惯，一些国名的称呼方式应该同中国一致，如称呼法国为“法”，称呼美国为“美”等。而这份抄本中却采用了与日本一致的说法。如称呼法国为“仏”，称呼美国为“米”。出现这种情况的原因比较复杂，可能是他本人为了让日本人更容易读懂而故意为之，还有可能是抄写之人随手篡改了原来的写法。关于国名的写法尚好理解，内容方面也不乏可疑之处，有些地方甚至可能存在篡改事实的情况。抛开几处可疑的细节，日记中关于政变的记述大体如下：

> 1884 年 12 月 4 日夜，在新落成的汉城邮政局内召开了“汉城邮政局落成庆功宴”。亲日派计划当晚在离宫以放火为信发动政变。首先，亲日派以担心国王的安危为由进入皇宫，然后依照计划将反对派肃清。当然，放火只是一个信号，并不一定非得在离宫进行。

根据金玉均日记，包括他本人在内出席当晚宴会的共 19 人，分别是美国公使及书记、英国总领事、清朝领事及书记、日本的岛村书记和川上翻译、朝鲜聘用的外国海关关长穆林德夫，共 8 位外国人和 11 名朝方要人（也有人持十人说）。11 名朝鲜政要中包括以金玉均为首的政变派，也包括被政变派列入肃清名单的闵泳翊等人。因为日本是政变的幕后推手，所以岛村书记对即将发生的情况当然是心知肚明的。

“着火了！着火了！”写小说时，这一幕当然是一个必不可少的高潮情节，用于描写当外面传来呼喊声后整个宴会的情景。闵泳翊最先逃了出去，他被埋伏在邮政局外的政变派壮士砍伤，浑身是血地返了回来。据金玉均所言，闵泳翊是被急于建功的日本人砍伤的。前营使韩圭稷身为军中将领，必须参与救火，因此他也急着往外冲去。

日本方面也有一种文献，是为《朝鲜京城事变始末书》。据该文献记载，岛村书记官与美国公使从后面出去一看，火势已经变弱，于是放心地返回了餐厅。其后，岛村因小解离开了房间，当他正要回房间时，情况发生了变化。外面乱作一团，他询问了缘由，并没有人知晓具体情况。因为有人身受重伤，所以参加宴会的客人都各自散去了。岛村刚一回到公使馆，英国总领事也到了，他对岛村讲闵泳翊被刺客行刺，身受重伤，因外面发生骚乱，想借日本公使馆的卫兵护送自己回公使馆。岛村与公使商议后，派了两名卫兵护送英国总领事回府。也就是说岛村是此时才得知闵泳翊遇刺受伤的，至于放火与政变是什么关系，他并不知情。

岛村当然是知道政变的。当夜的暗号是“天‘天天’的朝鲜语（发音是‘慢点’之意）”和日语的“ヨロシ（‘还可以’‘不坏’之意）”。宴会上，金玉均与岛村相邻而坐。据金玉均日记记载，金玉均问岛村：“您知道天吧？”岛村即回答说：“ヨロシ。”另外，宴会中还出现了一个人，与金玉均见过面，此人与金玉均联系说无法在离宫放火。金玉均指示在哪放火都无妨，然后返回了餐厅。金玉均向邻座的岛村告知了此事，当时岛村脸色大变，忙问：“你准备怎么办？”金玉均回答说：“还有其他办法，不用担心。”除了金玉均和两位日本人外，出席宴会的其他人都不懂日语。金玉均还写道，之后岛村还是难以掩饰不安的表情。

我在小说中写道：“岛村端起桌上的玻璃杯，手指却不停地颤抖。”历史记录中当然没有这样详细，但金玉均日记中有这样一句话：

> 岛村大有不安之意。

手指不停地颤抖是我自己想象的，小说中这么写也并不算脱离史实。

《朝鲜京城事变始末书》中说岛村完全不知情，这是欲盖弥彰。

关于“甲申政变”，研究得最为细致的要数韩国西江大学的李光麟博士了。西江大学是具有天主教背景的名牌大学，最近我有幸拜访了该校，受到了李光麟博士的诸多指教。

我曾经认为“甲申政变”的相关资料中，只有金玉均日记最为详细、最有参考价值，并且一度认为除此之外，没有什么资料可与金玉均日记相媲美。但李光麟博士说，还有尹致昊的日记甚为珍贵。尹致昊也是出席邮政局庆贺宴会的当事人之一。尹致昊日记是李光麟博士亲自从尹家搜集到的，极为珍贵。在朝鲜沦为日本殖民地的时代，尹致昊曾参与暗杀寺内正毅总督的计划，因此获刑六年。这位曾经的抵抗者后来来了一个一百八十度大转弯，与日本通力合作，并当选为贵族院议员，所以他的名声并不好。言归正传，尹致昊的日记透露了很多不为人知的细节。例如，在邮政局庆贺宴会上，美国公使福特手扶墙壁对大家说道：

> 美国有一句谚语说得好：我家的墙还没有烧热，着什么急逃命。

福特可能是为了让骚乱中的人们保持冷静，才抬出了本国的谚语缓和气氛的吧！

当然，骚乱的原因可不只是有人故意放火。现场还有像金玉均、朴泳孝、洪英植这样的政变派，以及幕后的支持者日本人。他们肯定是很兴奋地期待着火灾的发生，而福特觉得这不过是一场意外而已。这就是知情者和不知情者的区别。细想起来，这个小插曲非常耐人寻味。如果能早些知道这段逸事就好了，我一定会把它写进我的小说之中。

连接东西方之人

日本北海道西南部、洞爷湖以南有一处有珠遗迹。考古研究表明，有一只与公元1世纪前后弥生时代的人骨一同出土的贝镯，是生长在奄美大岛[①]以南热带太平洋的护法螺。在冲绳的伊江岛也发现了制作护法螺和芋螺工艺品的作坊遗迹。不过，没有留下任何相关记录。

定居者的记录保留起来十分容易。他们为了契约、土地边界或者来年的作物而记录今年情况的例子不胜枚举。但是，傍海而居的人们则似乎有一种不重视记录的天性。

日本旧石器时代的遗骸几乎大半出土于冲绳。据说旧石器时代的遗骸，如出现在教科书中的港川人等，90%都出土于冲绳。此外，日本国内只有冲绳出土了中国战国时代的明刀钱。冲绳的具志市还同时出土了弥生时代的陶器和中国的铜镜。这在日本也是绝无仅有的例子。

说到冲绳，人们就会条件反射般地联想到“大海”。曾经，冲绳是“海上之路”的说法广为流传。这里出产一种“宝贝”，在3000年前的商朝十分流行，

① 日本九州南方海面上奄美群岛中的主要岛屿，属于日本鹿儿岛县。

是一种在中国沿海地区捕捞不到的贝类。它就是子安贝，只有在日本的宫古岛[①]或越南才有出产。柳田国男大胆地提出了这样一种说法：商人为了获得子安贝而来到冲绳，当中国进入铸币时代后，他们便留在这里，随后沿着岛屿北上，成了最初的日本人。

暂且不提这段古老的历史，但只要想到自古至今那些远渡重洋，给我们带来新鲜事物的人们，无论如何都不能忽略遣唐使。与遣唐使同行的鉴真大师不是遣唐使，但也绝不能不提。另外，唐朝这一世界帝国通过直接或间接的物品交流，给日本造成了巨大影响。三藏法师和从海路去往天竺的义净[②]，其存在也有重大意义。

比玄奘早200年前往印度的法显，去时走的是陆路，归程走的则是海路，他留下了一份珍贵的记录。411年，法显从斯里兰卡出发，乘坐载有200人的船先到达爪哇岛，在那里换乘前往广州的船只，最后却漂流到了山东半岛。法显、玄奘和义净都留下了饶为有趣的游记。相反，从印度来到中国的菩提达摩[③]、鸠摩罗什[④]和真谛[⑤]等人却没有留下任何旅行记录，或许是因为他们的价值观不同。

日本的圆仁[⑥]大师也留下了详细的日记，成为珍贵的史料。

除宗教家之外，外交家也起到了促进东西方交流的作用。有一个叫王玄策的外交官，与玄奘几乎是同一时代，曾三次前往印度并发起了战争。然而，记载却不甚详尽。他写了10卷游记，如今已失传，只有一部分被其他文章引用，才零散地为世人所知。当时的外交使节稍有不慎就会被杀，所以王玄策似乎不是什么重要人物。

---

① 日本宫古列岛的主岛，地处琉球群岛西南部，先岛诸岛东部。

② 义净（635—713），唐代译经僧，河北涿县人。

③ 菩提达摩（？—535），南北朝禅僧，南印度人，将佛教禅宗带入中国。

④ 鸠摩罗什（344—413），东晋时期后秦高僧，天竺人，出生于西域龟兹国（今中国新疆库车）。

⑤ 真谛（499—569），南朝时期天竺僧人。

⑥ 圆仁（793—864），日本佛教天台宗山门派创始人，下野国（今日本栃木县）人。

连接东西方，不论是从东走还是从西走，似乎到达费尔干纳一带就寸步难行了。亚历山大的军队最东到达了费尔干纳峡谷，汉武帝为了求得汗血宝马西行所至的“大宛国”其实就是费尔干纳。

可以说，让历史停滞不前的正是费尔干纳，而打破这一局面的则是蒙古帝国。此后不仅陆路畅通无阻，像马可·波罗那样归程时乘坐巨船悠然航行也得以实现。有着 4 根桅杆的 14 艘巨船连成一排，行驶在福建泉州到波斯湾的霍尔木兹的海面上，可以说十分安全。人们称这一时期为“蒙古和平”①。世界著名旅行家伊本·白图泰②也在他的著作中记载了中国船只的大小。

之后，明朝出现了郑和七下西洋的壮举。62 艘巨船载着 27800 余名士兵，航海一直从 1405 年持续到 1433 年。

这次航海的总指挥郑和本姓马，马姓来自穆罕默德，因为郑和是伊斯兰教徒。航海过程中，他还向麦加派遣了使节。他对待各个宗教非常公正。这项航海事业后继无人，实在可惜。

① 即 Pax Mongolica。

② 伊本·白图泰（1304—1377），摩洛哥穆斯林学者，旅行家。

佛教的传入

"一二,一二，佛教传来。"

第二次世界大战战前，日本小学六年级学生准备中学入学考试时，总是反复念着上面这句话。一旦考试问"佛教在哪一年传入日本"，就要回答"皇纪 1212 年"，所以才"一二,一二"地念叨。

当时日本使用的纪年是以神武天皇登基之年为元年的所谓"皇纪"纪年，现在我们说的 1992 年在那时要称"公元"，以示区别。

《日本书纪》明确记载着神武天皇的登基时间为"辛酉年春正月庚辰朔"，换算成太阳历纪年则为公元前 660 年 2 月 11 日。

这比邪马台国的卑弥呼的时代还早 900 年，很难想象日本列岛在那时候就诞生了统一的王朝。那时候应该还是绳文时代，人们还过着穴居生活。

明治大历史学家那珂通世认为神武纪年是在"辛酉革命思想"的影响下虚构出来的。

这种思想认为凡是辛酉之年便是革命之年，而同样是辛酉年，"一蔀"中的第一个辛酉年又是特别的，在这一年有大革命发生。人们自然愿意把建国日放在这一年。

关于“蔀”有多种不同解释，其中之一是认为每60年（即一甲子）为一元，每21元即每1260年为“一蔀”。《日本书纪》成书之年（720）往前的第二个辛酉年为推古天皇九年（601），从那里再向前一蔀即为公元前660年。因此，把皇纪纪年换算成公元纪年的方式就是减去660年。“一二,一二”即1212年减去660年为552年。

翻开日本史的大事记年表，552年处便写着“佛教于该时期传入”。亦有538年传入的说法，有的年表会注明这一点。

据说这是百济的圣明王向日本朝廷进献释迦佛像和佛教经典的年份。然而，没有佛像和经典，并不意味着就一定没有佛教，因为在那之前，已有佛教信徒渡海来到日本。

现在，百济圣明王献上佛像和经典的事件被称为“公传”。既然这是公传，那也就是说在这之前就已经有“私传”了。

中国以永平十年（67）为佛教传入的年份。东汉的汉明帝梦见“金人”（全身闪着金色光芒的人，可能是佛像），于是向天竺求佛法，并于这一年在洛阳城西建白马寺，供来自天竺的僧人使用。但是，丝绸之路的开辟比这更早，西域和天竺应该有不少佛教信徒在更早的时候就来到中国。与日本一样，白马寺的建立标志是“公传”的年份，在那之前就有“私传”佛教了。

中国的头号佛教信徒据说是汉明帝的弟弟楚王刘英。明帝诏中有这样一句：“楚王诵黄老之微言，尚浮屠之仁祠。”黄老意为黄帝和老子的教导，也就是道教。也就是说楚王既信道又拜佛，信仰世界颇为丰富。

该诏书实写于白马寺建立的两年之前，证明佛教在公传之前就已经有信徒了。

想来白马寺尚未建寺的时候，在洛阳经商的西域和天竺人可能就在自己的家中或是院子里做起了佛教仪式。中国人看着觉得新鲜，当成热闹看了。这种状态真的能算是佛教传入吗?

根据文献记载，佛教传入冲绳是在南宋咸淳年间（1265—1274），来自异域的僧侣漂流至彼，当时的英祖王为其建造了一座寺院，取名为极乐寺，这是冲绳佛教的开端。咸淳末年第一次元日战争（文永之役）爆发，正值日莲上人发起新的信仰运动的时期。虽说当时琉球属于独立王国，不在日本支配之下，但盛行于日本的佛教却没传到那里，这还是很不可思议的。

由于地理位置关系，冲绳更多的是自异域漂流而来的外国人，这些人中肯定有佛教信徒。其中一部分人自此在那里定居下来，只不过由于他们只是普通的信徒，所以并没有进行传教活动而已。后来出于偶然，有佛僧漂流到了这里，佛寺也得以建立，这应该也算是一种正式传入。

不仅佛教如此。“传入”这个词本身界限就不是很明晰，只有“正式传入”会被记载下来，那之前的往往就被忽略了。

冲绳极乐寺后来改名为龙福寺，但在1609年岛津军攻入时遭焚毁。按理说岛津军中有从军僧人，带有佛教军队的性质，怎么会发生这种事情呢？

从梅福到慧萼

作为观音道场的普陀山是中国的四大名山之一，另外三座名山分别为文殊菩萨道场的五台山（位于山西省）、普贤菩萨道场的峨眉山（位于四川省）以及地藏菩萨道场的九华山（位于安徽省）。

九华山的南边就是黄山，所以九华虽然是地藏菩萨的道场，也被黄山的赫赫声名压制得没有什么存在感。五台山、峨眉山和普陀山成为佛教道场之前，都曾经是神仙道的修行之所。正如人字旁加山写成“仙”字，道士们大多选在山中修行。不管是神仙道的道士还是佛教的僧侣，似乎对灵气的感触都是一样的。在峨眉山听到的说法是，峨眉山中的道观（道教的教堂），很多直接改造成了佛教寺院。

普陀山也是一样，在日本僧人慧萼奉观音像上岸之前，神仙道的道士们肯定在此地活动过。岛名原名梅岭，据说是因为有一位名叫梅福的仙人曾经在这里居住过。《汉书》中也为梅福立了传：

梅福，字子真，九江寿春人也。少学长安，明《尚书》《穀梁春秋》，为郡文学，补南昌尉。后去官归寿春，数县道上言变事，求假轺传，诣行在所条对急政，辄报罢……

《汉书》中对梅福做了长篇幅的介绍，他曾身居南昌县尉（县的副知事）这个并不算高的职位，辞官回乡之后，通过县道级别的行政机关，上书朝廷来报告非常之事。他自己也借马车前往皇帝行在之处，针对最近的政务，一条一条进言献策。但梅福并没有政治野心，每次提过意见后就立刻离去。

梅福虽没有野心，但对国家政治却十分关注。他的传记中很大一部分都引用他上奏皇帝的奏折内容。但梅福的进言未显成效，不久后王莽建立新政，掌握了政治实权。当时正值元始年间，也就是 1 世纪初期的时候。此后梅福便抛妻弃子，得道成仙去了。所以梅福并非生来就是超然之人，与之相反，最开始的时候他比谁都更加关心政治。也正因如此，王莽的出现才会让他深受挫折，以至于想要遁世吧。《汉书》中还提及有人在浙江会稽见到过他，他改名换姓成了吴市门卒。都是一些没有确实根据的传言，传言中并没有提到他去了舟山列岛的事情。

仙人自由自在，可以在任何地方显现身形。不用说舟山列岛本来就在会稽郡的管辖之下，恐怕江南各地肯定也都流传着梅福的传说吧。

从梅福的东汉末年，到慧萼的中唐时期，800 年的岁月流逝而过。这 800 年间，几乎找不到任何关于这座岛屿的记录。传说梅福炼成了长生不老的仙丹，估计大家认为他曾经一直活在岛上的某个角落里，直到观音的到来。

据传，从 5 世纪的北魏时期开始，五台山开始了由道教向佛教的转换。普陀山则在 400 年之后，也踏入了与五台山一样的模式。神仙变成了观音菩萨，代表人物则从梅福变成了慧萼。

在中国被称为寺院开山祖师的日本僧人，除了慧萼之外估计找不到第二个人。并且，普陀山不仅仅是一座寺院，全岛所有的寺院都变成了观音道场，而慧萼则是这一切的起点。从这一点来看，慧萼的成就可以说是破天荒的。遗憾的是他在日本的知名度很低。他的生卒年、家乡、俗姓都还是一片谜团。

慧萼先后四次渡唐，对唐朝的情况十分熟悉，因此当时的日本朝廷也曾对他委以重任。

承和五年（838），日本时隔30余年派出了以藤原常嗣为大使的遣唐使团。藤原回国时，唐朝还安排了使节将他一直送回至日本。因此，日本的朝廷也必须安排唐朝使节的送还事宜，于是将这个任务委托给了新罗船队。当时日本是仁明天皇当政，天皇的父亲嵯峨上皇想要趁这个机会为五台山捐资布施，便将这个任务交给了慧萼。藤原常嗣回到了日本，但与其同行的圆仁等人还留在唐朝修习佛法。慧萼便在这个时候踏上了唐朝的土地，时值承和六年（839）。

留在唐朝的圆仁（后被称为慈觉大师），对于慧萼第二年来唐之事是知情的。虽然两人未在唐朝相见，但在《入唐求法巡礼行记》中，圆仁时常提到有关惠萼的消息。比如，唐会昌元年（841）九月七日的记录中写道：

> 闻日本僧慧萼、弟子三人到五台山，其师主发愿，为求十方僧供却归本国，留弟子僧二人合住台山。

除此之外，会昌二年（842）四月二十五日的记录中，引用了楚州的新罗语翻译刘慎言的来信内容：

> 送朝贡使。梢工。水手。前年秋回彼国。玄济阇梨附书状。并砂金廿四小两。见在敝所。惠萼和尚附船到楚州。已巡五台山。今春拟返故乡。慎记排比人船讫。其萼和尚去秋暂往天台。冬中得云书。拟趁李邻德四郎船。取明州归国。依萼和尚钱物衣服并弟子惠在楚州。又人船已备。不免奉邀……

根据书信的内容，慧萼在会昌元年九月前将两名弟子留在五台山，孤身短暂回国，但马上又回到唐朝，会昌二年的春天又回到日本。那时，慧萼将钱物、衣服和弟子都留在唐朝，所以是计划立刻再返回唐朝的。

圆仁日记中的其他部分中也出现过李邻德这个名字，此人大概是个新罗船主，名字后面还跟了一个四郎，所以我们认为李邻德这个名字是兼顾了船的商号在使用。李邻德的几个儿子都是船长，慧萼乘坐的肯定是第四个儿子的船。“取明州”则是指船要途经明州，也就是现在的宁波。阿倍仲麻吕和最澄也都是从明州上岸进入了唐朝。空海当初也是想取道明州上岸的，但船却漂流到了福建。与橘逸势一起回国时，空海则是从明州上的船。唐朝的鉴真和尚前往日本时，也途经明州。

慧萼乘李邻德四郎的船回国后，没过多久就又远渡唐朝。会昌五年（845）七月五日的圆仁日记里，记录了慧萼在唐朝的有关消息。

也正是在会昌五年，唐武宗被道士赵归真诓骗，弹压了道教以外的全部宗教。究其原因，则是因为道士制作仙丹，迎合了武宗想要长生不老的愿望。对于佛教来说，这是空前的“法难”，身在唐朝的外国僧人也都被迫还俗或被流放。圆仁等人则在当年五月离开长安，沿路他们不得不目睹一座座寺院被破坏摧毁。六月末到扬州，七月初，到达楚州。圆仁在七月五日的手记中写道：

日本国慧萼玄济阇梨与弟子于会昌二年礼五台山，为求五台之供，就李邻德之船归却本国，年年将供料到来。今遇国难还俗，现在楚州云云。

如果知道同胞慧萼也在楚州的话，圆仁肯定会去相见。因此有人认为，这里是将苏州误记为了楚州。但当时是在逃难路上，楚州的范围也很广，即使知道对方离自己很近，也可能无法相见。前文引用的是圆仁在楚州时从翻译刘慎言处听到的消息。按照上文的说法，慧萼每年都带供料到五台山来。

而这里提到的“国难”，不用说，指的就是会昌年间的“法难”。

其实圆仁所在的藤原常嗣遣唐使团，是日本朝廷派出的最后一批遣唐使。宇多天皇的宽平六年（894），菅原道真被任命为遣唐使，但朝廷听从他的意见废止了遣唐使。废止的理由当然有很多，由于搭乘新罗的船只可以十分方便地穿行于中日之间，也就没有必要花大量的财力专门养着遣唐使船了。慧萼频繁地来往于中日之间，搭乘的也都不是遣唐使船。

按《元亨释书》中的说法，慧萼是在橘大后的诏令下前往唐朝的。橘大后是嵯峨天皇的皇后，仁明天皇的生母。慧萼登五台，又至杭州盐官县灵池寺谒见齐安禅师，最终以橘大后的名义聘得义空长老一起返回日本。也就是说，橘大后不仅命令慧萼去五台山进香火钱，还命令他寻找唐朝的名僧带回日本。

长生不老的仙丹在武宗身上没有发挥丝毫效果，反而极可能是服用这成分不明的药的原因，武宗在次年三月驾崩了。圆仁当时还因僧人还俗的敕令，被禁足在登州赤山院庄，听到皇帝驾崩的消息后，他写道：

身体烂坏而崩。

仿佛在说武宗活该受此天罚。后任宣宗即位后，立刻解除了对佛教的禁令，并将道士赵归真处刑：

剃头披缁衣。

圆仁意气昂扬地写下了这一句话。当时也在唐朝的慧萼，肯定心中也一样高兴。之后圆仁归国，但慧萼却不知所踪。慧萼的行踪再次出现时，已经到了唐大中十二年（858），距圆仁归国已过去了 12 年。慧萼在五台山得了观音像，打算带回日本供奉。但最终由于佛缘，僧佛一起留在了普陀。

据新华社报道，1981 年 4 月 28 日的下午，海面上出现了五色祥云，其中还浮现出了大伽蓝的幻影，这也就是所谓的海市蜃楼现象。实际上，1916 年 8 月，孙中山乘“建康号”军舰视察舟山列岛登陆普陀山时，也看到了海市蜃楼。这样说来，1300 年前，慧萼决定与观音一起留在此地，是否同样因为看到了海市蜃楼呢？

朝衡小考

若论编史方法的公正性,《大日本史》当之无愧，但这部史书对朱子学思想中大义名分的表扬似乎过于强烈。作为遣唐留学的阿倍仲麻吕，对唐朝的风物极为仰慕，将自己的姓名也改成了唐朝的风格，甚至还被唐王朝加官授爵。我总觉得《大日本史》对他的评价过于苛刻：

> 是其轻蔑祖先而贰其根本，此岂是圣贤之道耶？世人徒眩其才藻，而未究其本来，实乃因歆艳唐廷文士之推奖而所为之矣。

这种评论对阿倍仲麻吕来说过于有失公允。不光是《大日本史》，同样是水户出身的藤田东湖，将远渡大宋的僧人成寻的母亲送给儿子的和歌收入《东湖歌话》之中，“如是我听讲，天垠有稻粱。所诠辉照处，切切不能忘”，并盛赞其母为“虽为女子，但实乃真丈夫”。然而，紧随其后的评论则是对阿倍仲麻吕的攻讦：“阿倍仲麻吕之流，远赴唐国，为其国之风倾倒，逐渐遗忘日本，并成为李隆基（玄宗）之臣。此等行径之恶劣自不必论，更可见其心中之恶劣。”不得不说，这种批判有点太过于严厉了，我想在这里为阿倍仲麻吕做一些辩护。

中务大辅船守之子阿倍仲麻吕被选为遣唐留学生，是在元正天皇的灵龟二年（716）。仲麻吕生于大宝元年（701），当时刚满 15 岁。第二年他跟随遣唐大使多治比县守入唐，同期的留学生还有吉备真备，他比仲麻吕年长六岁。如果将吉备真备看作被研究生院或研究所派遣过去的短期研修生，那么仲麻吕从最初就是被选拔为长期留学的少年留学生。

日本朝廷选拔留学生关乎国家的体面，一定会严格选拔那些不让日本蒙羞的英才。被选出的少年留学生阿倍仲麻吕进入长安的太学，之后通过了严格的科举考试成为进士，可以说他确实没有辜负日本的期望。

唐代学校教育由国子监一类的政府机构掌管，其长官称为祭酒，因而国子监祭酒相当于教育部部长兼国立大学校长。国子监有六学，分别为国子学、太学、四门学、律学、书学和算学。其中，律、书、算三学是法律、书法、历法算数的专门教育机构，而国子学、太学和四门学这三所学校则在内容上没有太大差异，除大经（《礼记》《左氏传》）、中经（《毛诗》《周礼》《仪礼》）、小经（《周易》《尚书》《公羊传》《谷梁传》）之外，还教授《孝经》《论语》《老子》。但国子学有入学资格的要求，只招收三品以上的文武官、国公的儿孙和从二品以上官员的曾孙。四门学的入学资格是七品官以上的侯、伯、子、男的儿子以及庶人之子中的杰出者。

外国留学生阿倍仲麻吕或许按照一直以来沿袭的惯例而被安排在太学。按照当时的制度，习得诸学中两经以上的人方可参加科举考试。然而，玄宗时期的进士科比经学更注重诗文，所以学生在学校要学习经学，也要学习考试所需要的诗文。诗文似乎主要以《文选》为教科书。阿倍仲麻吕在长安过着这样的学生生活，但与同学不同的是，他在长安没有父母或亲戚。他的家人都在日本，以当时的距离感来看，与没有亲人无异。

阿倍仲麻吕有位名为储光义的朋友，曾官拜监察御史。他给仲麻吕留下了一首诗，让人感觉二人的关系很亲密。储光义比仲麻吕小六岁，在开元十四年（726）刚刚年满 19 岁就考取了进士，而这一年是仲麻吕到大唐的第九年。据说太学的学业年限没有特别的规定，但学习了九年还没有考中科举的人就要被劝告退学。我觉得仲麻吕和储光义应当在某一时期一起在太学里学习，说不定他们还是同一年考中的科举。

入唐后，阿倍仲麻吕把姓名改成了朝衡，其中朝为姓，衡为名。朝这个字在古书中也写作“晁”。因其改了姓名，所以受到了《大日本史》的严厉批评，据说他改的姓取了“朝臣”的第一个字。遣唐使一行的日本人经常称为“朝臣某某”，粟田真人也在《旧唐书》中被记录为“朝臣真人”。该书还记载道：“其偏使朝臣仲满，慕中国之风，因此留而未去，改姓名为朝衡。”

偏使是不太重要的使节，既不是正使也不是副使，只是一名普通的随员。在汉语的语境中对“麻吕”一词并不熟悉，因而使用了近音词“满”，“仲满”即“仲麻吕”。选择“朝臣”的“朝”这一姓氏是阿倍仲麻吕不忘记他是日本朝廷大臣的缘故。如果是这样，《大日本史》的编纂者就必须重新思考对他的评价了。

这里引用一首储光义赠给阿倍仲麻吕（朝衡）的诗，诗的题目是“洛中赠朝校书衡”。在中国，自古以来有在姓和名中间加入职位的习惯，因此这一题目的意思是在洛中赠给朝衡校书的诗。据记载，仲麻吕考取进士之后，曾在太子左春坊的司经局担任校书。根据唐制，皇太子可以拥有一个小规模的政府，因为将来要当皇帝，有必要设置一个演练用的地方。这里的官员要低一个级别。分配来一个外国留学生出身的人，也算是合乎规制。另外，司经局是制作经书正本和副本的地方，当时没有印刷技术，只能手写。根据唐朝的官制，负责手写和校正工作的人是“校书”，额定四人，官位是正九品下。

万国朝天中，东隅道最长。

吾生美无度，高驾仕春坊。

出入蓬山里，逍遥伊水傍。

伯鸾游太学，中夜一相望。
落日悬高殿，秋风入洞房。
屡言相去远，不觉生朝光。

这首诗中有一句“伯鸾游太学”，其中的“伯鸾”是东汉梁鸿的别名。据《后汉书》的《逸民传》记载，梁鸿是扶风平陵人，父亲梁让在王莽时期受封为修远伯，后来死在北地。梁鸿幼年时便成了孤儿，之后进入太学博览群书，无所不通；毕业后没有出仕，而是做了隐士，终其一生。据《世说新语补》记载，梁鸿孤独终老，甚至没与其他人一同吃过饭。有一次邻居做完饭，灶台上还有余火，劝梁鸿可以趁着有火去做饭。但他把灶台上的火熄灭，等灶台冷却后再重新开始生火做饭。可见，他的确是一位脾气古怪之人。

储光义把仲麻吕比作梁鸿，是想说仲麻吕（朝衡）是像梁鸿那样古怪的人吗？我并不这么认为。梁鸿终身没有出仕为官，而仲麻吕在异国的宫廷做官，并且晋升到了相当高的职位。如果是狷介不羁之人，则很难做到这一点。那为什么储光义将他比作梁鸿呢？或许是他们在太学中的学习有共通之处。但是，在太学中学习的人多得不胜枚举，据说盛唐时国子监的学生中常常有3000人。《后汉书》中称梁鸿“家贫”，难道这是他们的共通点吗？

如果是日本遣唐使带来的留学生，大唐的朝廷应该有责任照顾他们，很难想象仲麻吕在太学中过着一贫如洗的生活。毋宁说仲麻吕与梁鸿的相似之处是尽可能不给其他人添麻烦吧。不过，这仅仅是我的推测。身为同窗的储光义，想到远道而来的仲麻吕，竭尽全力想要帮助他，而他却不肯接受储光义的厚意。这对于储光义之类的友人而言，一定着急得不得了。

“这个人真像梁鸿一样！”这的确像是朋友之间能说出来的话。我可以想象储光义赠给仲麻吕这首诗作时，脑海中一定掠过了这一情景。

《大日本史》批判了仲麻吕留在大唐为官的行为。然而，遣唐使不会经常派遣。仲麻吕入唐后至下一批遣唐使到来，整整经过了 16 年。唐开元二十一年（733），以多治比广成为正使的遣唐使团来到唐朝。仲麻吕虽然想同这个使团一同回国，但唐朝政府未允许。

若从开元十四年仲麻吕考取进士来看，当年是他步入精英集团的第七年，正是年富力强出业绩的大好时期。他已经从左拾遗升至左补阙，是从七品官，已经是第一梯队的中央官僚。这样的人才，唐朝廷哪肯轻易放手。

阿倍仲麻吕和李白同年出生，与比他年轻 11 岁的杜甫同一年去世。关于王维的出生年份有不同的说法，最有力的说法是与李白同年。以“朝衡”为名的仲麻吕和当时王维等诗坛明星的关系非常要好。

开元二十一年仲麻吕未被允许回国，却成了亲王府的“友”。“友”是官名，亲王府的长官是“傅”，从三品官，副官则是正五品上的咨议参军事，长官与副官各一人。“友”是排在二者之下从五品下，额定一人。朝衡是在玄宗的第二十四子义王玼的亲王府任职，不久后晋升为卫尉少卿。卫尉寺是负责管理兵器库和处理宫门卫屯事务的衙门，长官卿是从三品，副官少卿是从四品上，额定二人，地位仅次于阁臣。

朝衡最终擢升为从三品秘书监，可谓出人头地。根据规定，他具备了让其子弟进入国子监学习的资格。秘书监是秘书省的长官，掌管国家的图书秘记，相当于现在的国家图书馆馆长。秘书省下还设有著作局和太史局，文人中的好苗子大都在此供职。因为是政府部门的长官，不得不说朝衡在唐朝官界中身居高位。尽管如此，他依然无法打消回到日本的念头。

下一批入唐的遣唐使是在多治比广成入唐 19 年后的天宝十一载（此时，唐朝用“载”字代替了“年”字，即 752 年），正使为藤原清河，大伴古麻吕和吉备真备任副使。此时朝衡已经 52 岁，在当时来看年事已高。思乡心切的仲麻吕向朝廷提出第二年跟随遣唐使回到日本，此时大唐的朝廷再也不能不顾他的热切愿望了，允许他回日本，但表面上下达的命令是“作为大唐官员，送日本遣唐使一行”。也就是说，朝衡作为唐朝对日本的答礼而令其回国。他 16 岁入唐，在这片土地上度过了 36 年，回国后真的能适应日本的生活吗？

大唐不仅允许了朝衡回日本的请求，或许还考虑到他想回唐朝便可以回来，所以赐予了他唐朝使节的身份。

辽阔长天玉镜升，
仰首遥望动乡情。
犹是当年春日月，
曾在三笠上顶明。

这是在返回日本途中作为阿倍仲麻吕的朝衡所吟唱的短歌，一般认为是在苏州或明州创作的。

要离开人生的大半部分居住的土地了，不得不与交好的朋友告别。虽然有唐使的职位，但恐怕不会再回来了。彼时的朝衡应当胸怀抱负，把先进的大唐文物和制度亲自移植到日本，为故国的进步做出贡献。在他心中，一定夹杂着难以割舍的思乡之情、肝肠寸断的惜别之情以及熊熊燃烧的凌云壮志。朱子学的化身——《大日本史》的编纂者和藤田东湖等人一定无法理解他内心的所思所感。

阿倍仲麻吕最终未能回到日本，他在海上遭遇风暴后漂流到了安南，历尽千辛万苦，最终又回到了长安。这时或许已经是他在启程归国的第二年了。在他回归长安的第二年，唐朝爆发了未曾有过的大乱（即安史之乱——译者注），仲麻吕也跟随玄宗一同前往蜀地避难。或许因此他也打消了回国的执念。

大乱之后，他先后任左散骑常侍（从三品）和镇南都护（从二品），卸任后回到长安，于大历五年（770）逝世。据说大唐朝廷追赠其潞州大都督之职。《日本诗纪》中记载，日本朝廷也追赠其正二位的勋爵。

天宝十二载（753），朝衡回归日本之际，诸多朋友为他举办了送别宴，并留下几首应和的诗文，最为有名的是王维的《送秘书晁监还日本国》的五言律诗。

积水不可极，安知沧海东。
九州何处远，万里若乘空。
向国唯看日，归帆但信风。
鳌身映天黑，鱼眼射波红。
乡树扶桑外，主人孤岛中。
别离方异域，音信若为通。

这首诗也收录在《唐诗选》中，因此没有必要特别加注说明。《全唐诗》中记载包佶（后来擢升为秘书监）的《送日本国聘贺使晁巨卿东归》的五言排律诗，或许也是在同一场宴会中创作的。阿倍仲麻吕在席位中作为大唐的高官朝衡，同样也创作了五言排律诗《衔命使本国》，与包佶的诗作押同韵。

衔命将辞国，非才忝侍臣。
天中恋明主，海外忆慈亲。
伏奏违金阙，騑骖去玉津。
蓬莱乡路远，若木故园邻。
西望怀恩日，东归感义辰。
平生一宝剑，留赠结交人。

这首诗的题目是“衔命使本国”，可以证明他是奉朝廷命令以使节的身份归国的。

这样的送别之后，大唐的挚友收到了令人悲伤的消息，听说朝衡等人因为遭遇风暴而遇难。之后漂流到安南的朝衡又平安回到京师。但得知死讯之时，朋友们为之悲叹。李白为此作了一首《苦晁卿衡》的七言绝句：

日本晁卿辞帝都，征帆一片绕蓬壶。
明月不归沉碧海，白云愁色满苍梧。

传说蓬壶是东海中的蓬莱岛，如果知道苍梧是东南沿海的地名，这首诗也不需过多的注释了。

朝衡的《衔命使本国》中，“蓬莱乡路远”和“若木故园邻”对仗，这两句诗词颇值得玩味。蓬莱是东方的岛屿，据说若木是灵木的名字，生长在昆仑西面，也称作日落之处的树木。这两句的意思或许是说，去东方岛屿的故乡之路虽然遥远，但回来之后我心里却觉得连最西方尽头的灵木——若木都像我家的邻居一样。

王维被称为南画派的鼻祖。汪荣宝从大正末期到昭和初期曾担任中国的驻日公使，他是早稻田大学出身，比起他的外交官身份，让他更有名的是他是北洋政府五色旗的设计者。在东京任职期间，日本南画派的画家在樱之丘举办了祭祀王维的活动，汪公使也应邀出席。身为文人的他，创作了两首七言绝句，题为“九月十七日雨中东京诸名士集樱丘南画院祀王右丞观礼”。此处列举其中一首：

昔送归帆沧海东，
只疑万里若乘空。
谁知化鹤千年后，
一夕来看浴日红。

承句的“万里若乘空”五字引用了王维送别阿倍仲麻吕时的诗句。

或许有人耻笑我这是小说家的妄想，我总觉得“乘”字应当是“华”的误字，这一句可以读成“万里若华空”。

若华是若木开出的花，与朝衡的诗中的“若木故园邻”相呼应。而且在王维诗的序中也有“苦垂为东道之标”的字样，有些书中把这句话最初两个字写成了“若华”。这一点值得参考。

另外关于阿倍仲麻吕的经历，《旧唐书》日本传的部分比《新唐书》记载的要多。《新唐书》记载他一度回国后又再次入唐，上元年间（760—761）官拜安南都护。《旧唐书》则记载他出任镇南都护。至德二年（757）安南都护已经更名为镇南都护，《新唐书》明明是在此之后编撰的，为什么进行杜撰，与原来的版本不符了呢？

鉴真的气息——唐招提寺

寺庙与其开山鼻祖的关系，没有比鉴真大师和唐招提寺的关系更为紧密的了。说起唐招提寺就会联想到鉴真，听闻鉴真大师的名讳，就会在那余音中感受到唐招提寺名号的历史回音。高野山金刚峰寺和弘法大师，以及比叡山延历寺和传教大师之间的关系，或许可与之相比。但是，高野山、比叡山属于真言宗和天台宗两大宗派，而且涉及众多信徒，仅仅因为这一点，寺庙与开山鼻祖个人之间的联系也必然会减弱。宗派的势力及其体系一旦强大起来，甚至连亲鸾和日莲这样具有强烈个性的开山鼻祖，也会超越与一座寺庙的密切相连。

鉴真的寺庙

唐招提寺可以称为“鉴真大师的寺庙”，令人深感亲切，这也是唐招提寺的最大特色。这座寺庙带有不可动摇的非凡气度，令人感到特别容易接近。不得不说，对于一座寺庙来说，这是十分罕见的。

这座寺庙是鉴真建造的，但现在的唐招提寺和鉴真大师在世时的样子大不相同。伽蓝中心是安置本尊的金堂，所以建造寺院应该从建造金堂开始。

尽管如此，这座寺庙仍率先建造了讲堂。鉴真大师在世时，如今我们所见的唐招提寺金堂并不存在，只有高大的讲堂矗立在那里。

讲堂也是由皇宫里的古老建筑——朝集殿拆卸的木材建造的。虽说老旧，却谈不上老朽。当时朝廷计划向近江保良宫迁都[①]，正在拆迁主要建筑物，其中的部分建筑材料便捐赠给了寺庙。

鉴真大师没有用布施来的材料建造寺院的门面——金堂，而是用其建造了讲堂。据说金堂之名源于堂中安放着金光灿烂的佛像，也称之为正殿，因此是伽蓝的核心堂宇，禅家称为佛殿，中国一般称为大雄宝殿。没有金堂的寺庙不能算作真正的寺庙，只是未完成的寺庙。即使如此，鉴真大师还是标新立异地未建金堂，先造了讲堂。

天平宝字二年（758），71岁的鉴真大师卸任宗教行政官——僧纲一职。孝谦上皇诏曰：

> ……其大僧都鉴真和上，戒行转洁，白头不变，远涉沧波，归我圣朝，号曰大和尚，恭敬供养。政事烦劳，不敢劳老，宜停僧纲之任。集诸寺僧尼，欲学戒律者，皆属令习。

日本朝廷对这位高龄唐朝僧人寄予的期望并不在宗教行政方面，而是为诸寺僧尼授戒，如此一来，最重要的便是建造讲经传法的讲堂了。

第二年，鉴真大师便奉旨在已故新田部亲王的旧宅地兴建了现在的唐招提寺。一般认为，新田部亲王之子道祖王背叛了朝廷，因而府邸上缴充公。既然是亲王的旧宅，一定占地广阔，建筑林立。鉴真大师的禅房和学僧的僧房等就可以使用原有的建筑。

即使是亲王府邸也没有可以作金堂和讲堂这样的大型建筑。利用拆除的

① 天平宝字五年（761）因为平城宫改修，日本国都暂时移到近江国保良宫。

朝集殿材料建造什么好呢？因为材料有限，只能在金堂和讲堂之中选择其一。大师考虑到朝廷之需和自己自唐而来的使命，果断选择了后者。

唐律招提

这是最初的寺名。唐朝习惯将奉诏所建的官立寺院称为“寺”，私立寺院则称为“招提”。“招提”实际指寺院，所以寺名“唐律招提”字面之意便是“唐律寺院”。不知何时去掉“律”字，加上了与“招提”意思相同的“寺”字。

“招提寺”无非是研究、宣讲戒律的寺院，当然也是信徒朝拜之所、学术气氛浓厚的伽蓝。这与玄奘三藏和义净取经之地——印度那烂陀寺院极为相似，叫法因人而异，也有人称那里为那烂陀大学。

唐招提寺是研究学问之所，希望来此访问的人首先要将这一点放在心上。而且，虽然创建之初朝廷慷慨资助，然而招提寺始终是私立寺院，这一点不可忘却。住持鉴真大师的人情味渗透在学问等各个方面。瞻仰鉴真的风采时，距离越近，越能真切地感受到暖暖的亲近感。可以说，大师赋予了这座寺庙自诞生以来便带有的个性特点。

讲堂是唐招提寺的核心。而且如上所述，是由朝集殿布施的木材建造的。因为使用的是拆迁的旧材料，所以根本无法建造出其他样式的建筑来。原有材料已有固定的尺寸，所以只能建造几乎一模一样的建筑，也可称为移建。如此一来，现今我们可见的唐招提寺讲堂，只不过是青丹[①]奈良都城的一座宫殿而已。

不过，讲堂经过镰仓、江户、明治、昭和四代拆卸修理后，原本的山形墙建筑移建时改为歇山式。镰仓时代修缮讲堂时改动了屋顶的形状，变成中世纪风格的外观。虽说如此，但昭和年间修缮时（昭和四十五年至四十七年），

---

① “青丹”在日本意为一种从青黑色土中提取生产的颜料呈现的颜色。这种土产自奈良，所以“青丹”又指奈良。

基坛从三段升到了七段，这样得以恢复天平[1]时期的旧貌。

平城京的宫殿如今已荡然无存。正因如此，移建此朝集殿的大讲堂成了重要的历史遗迹，它是奈良时代唯一的一处宫殿遗存。

"此间不似寺庙。"瞻仰移建的讲堂时，也许有弟子会产生这样的不满。鉴真大师或和颜悦色地这样作答："欲习戒律，不必非得在像样的寺院建筑中学习。"

此乃学习之所，所以讲堂比庄严的佛堂更让人感到神清气爽，但那些期待佛教庄严性的一众弟子有些许不满也是可以理解的。或许鉴真大师觉得，朝集殿不适合供奉香火，从而选择了建造讲堂。鉴真失明后即便看不见建筑的形貌，却也能够清楚地感受到建筑物的气韵氛围。

与讲堂相比，金堂的确更显佛寺之风。唐招提寺金堂是鉴真大师圆寂之后建造的。因而金堂与鉴真关系不甚密切，但金堂的建造依旧延续了鉴真的核心理念。据推测，金堂建于宝龟年间（770—780），大概在鉴真圆寂之后10年，那时道镜已经失势。比起政治色彩过强的道镜，鉴真大师的宁静淡泊十分令人怀念。

建造金堂时，深受鉴真大师教化的僧侣们应该仍活跃在佛教界的中枢。鉴真生前建造了讲堂，由此可大胆推测，大师有修缮整个寺院的计划。关于此事，他一定曾向众弟子说明。我认为正因为鉴真已经双目失明，所以他关于修缮寺院的说明才更为详尽。

鉴真大师把唐招提寺托付给义净、法载和如宝[2]三人，他们都是随鉴真一同远涉重洋的弟子。其中如宝年纪最轻，《唐大和上东征传》记载他是胡国人。大师圆寂后，唐招提寺的重担便落到了出身西域的如宝肩上。

如宝没有辜负鉴真大师的期望，但他或许建功心切，忘记了大师有意将

① 圣武天皇时的年号。圣武天皇是文武天皇的长子，本名首，是日本奈良时代的第45代天皇，724年至749年在位。

② 三人皆为一同随鉴真自唐东渡日本的弟子，其中如宝即安如宝，被鉴真选为二代住持。

唐招提寺打造成朴素学林的初衷。在唐招提寺附近有一座规模庞大、空前壮观的东大寺，虽然在规模上与之一较高下毫无意义。然而，如宝作为二代住持，虽然听过大师生前的详细规划，但总想建造出更大规模的寺院，这也是人之常情。虽说如此，大师的核心精神不可违背。如宝是大师事业的继承者，同时也是其精神的传承者。

“这样做是否过于豪华了呢？”如宝在建造唐招提寺寺院时，耳边似乎传来了师傅的声音。每次他都会这样回答：“这是朝廷的意思。”

另外，如宝一直希望将私立寺院唐招提寺转为官立寺院。宝龟七年（776），鉴真大师圆寂13周年忌辰，播磨国①的50户香火纳入该寺庙；第二年，备前国②授予寺院土地13町步③。如此一来，唐招提寺成为官立寺院，经济来源得到了保障。

这些都要归功于如宝。唐招提寺中除了此前建好的讲堂外，几乎所有堂宇都是如宝时代建造完成的。金堂自不必说，钟楼和经楼也是如此。尽管如此，提起唐招提寺，人们依旧认为那是鉴真的寺院。我不禁想，如宝是极具才能之人，他十分注意不让鉴真大师的精神气息从这座寺庙里消失。为此，他也在尽力不让自己的如宝色彩显现出来吧。

伫立在唐招提寺前，穿过立有朱漆柱子的南大门之前，人们会吃惊得屏住呼吸吧。那门框恰似画框一般，将金堂的全貌收入其中——天平屋瓦耸立在左右套廊之间。

日本天平时期修建了许多寺院，在各诸侯国建造国分寺、国分尼寺也是在天平年间。建造寺庙，定会建造金堂，但时至今日只有唐招提寺还保留着天平期的金堂。这座寺庙的金堂代表着众多消失的金堂，依然耸立于世。瞻望南大门怀抱下的唐招提寺金堂，似乎能够感受到它那孤傲的风骨。

---

① 播磨国，日本古代的令制国之一，属山阳道，又称播州，大约相当于现在的兵库县南部。

② 备前国，日本古代的令制国之一，属山阳道，又称备州，现在冈山县东南部及兵库县赤穗市的一部分。

③ 町步即“町”，日本古代面积单位，1町为99.17亩。

金堂的屋顶两端有鸱尾——鱼尾形脊瓦飞檐翘角。据说南大门左右两侧的鸱尾建于不同时代，左侧为天平时期所建，右侧则为镰仓时期所建。既然有这样的传闻，谁都想来比较一番吧。静静地凝视天平鸱尾，似乎能感受到线条流动的节奏感。镰仓时代的鸱尾虽颇具重量，却并未传达出动感之美。

提起唐招提寺的金堂，与安放在其中的佛像相比，那八根圆柱更易引人注目。与希腊神庙的圆柱两相比较，我们仿佛感受到“如宝出身西域”。总之，唐招提寺金堂的圆柱的确坚如磐石，所见之人皆为之赞叹、感动。正对金堂左手方向，竖立着会津八一的歌碑，那是歌咏这些圆柱的文字。

招提立柱明月影，
置身缅怀大唐情。

唐招提寺一般在秋天举行赏月赞佛会。当天晚上，僧人开门迎接月光，并在堂内点灯。这使得堂内的诸佛清爽现身，显示出不同于平日的庄严。

金堂诸佛塑像身躯都很庞大。中央的卢舍那佛虽为坐像，但仍有 3.4 米高。面对卢舍那佛，左边的千手观音立像约为 5.35 米，右边的药师如来立像约为 3.7 米，在观月赞佛会的当天晚上尤显恢宏。堂内的其他诸像——梵天、帝释天及四大天王塑像都接近 1.9 米，身形应该大于真身，不过在三尊像面前看起来有些矮小。

金堂的九尊佛像皆被御封为国宝。无法得知佛像准确的建造年代，但毫无疑问，在建造金堂之时各类佛像一定已经塑造完成。既然如此，建造金堂时跟随鉴真从唐朝远渡而来的佛工应该还健在。佛工为建造高僧鉴真寺庙中的金堂佛像，必定各尽其才。人们常用大陆风格的造型来形容唐招提寺的佛像。特别是主佛舒适的坐姿、敞开衣裳裸露的胸部、豁达开朗的表情等，我感到确实与“大陆风格的造型”十分贴切。不过，此尊佛像的莲华座内部，记载着几位类似佛工的姓名，有人说这也不像唐人的做法。但渡海来日已过去20余年，或许随行的佛工已融入了日本的手艺行业，入乡随俗，就把名字刻在了莲花座上。

唐招提寺可谓不同文明的交融之地。鉴真的愿望便通过这次交汇，让人们内心丰盈，灵魂富足。因此，鉴真更为努力地将唐朝文明之果带入日本。这一点从第二次出海的货品清单上便可推知。唐朝是当时的世界帝国，随员中除了胡国人如宝外还有昆仑国人军法力、瞻波国人善听，这也是唐朝的特有现象。由于同日本留学僧荣睿和普照长期接触，加之在堪称国际贸易大都市扬州的生活背景，鉴真大师并非对日本完全一无所知。尽管如此，鉴真从未试图采取短视的策略，将自己带来的文明发展成日本的东西，无论阻力多么强大，他都想把原汁原味的中国文化带到日本。

提到“吸收”，理应是日本吸收中国文化，而且长年累月地去吸收，也应该尽量不要投机取巧。由于看法不同，异质程度越强越好，这样一来才能更为有效地促进文化发展。

新叶滴翠，拂拭尊师泪。①

著名的松尾芭蕉俳句碑矗立在旧开山堂的石阶下。雅致舒适的旧开山堂，其样貌与俳句碑十分相称。

贞享五年（1688）草木抽青的时节，芭蕉拜访唐招提寺，参拜了鉴真大师尊像。这年秋天，日本改年号为元禄。芭蕉在《笈之小文》一书中写过该诗的小序：“招提寺鉴真高僧历经七十余次艰难险阻，远涉重洋来朝。双目吹入海盐风，终致失明。现诚心参拜高僧尊像。”昭和三十八年（1963）以前，鉴真大师尊像置于旧开山堂，如今则安置在北面的御影堂内，仅在每年6月6日的忌日前后开堂进香。

① 出自松尾芭蕉的《拜盲圣鉴真》。

鉴真大师的塑像堪称日本造型美术史上空前的杰作。

天平宝字七年（763）春的一天夜里，唐僧思讬的弟子忍基梦见讲堂的栋梁折断。在中国，一般认为梦里出现寺庙佛殿（金堂）的栋梁折断是高僧圆寂的前兆。由于唐招提寺当时没有金堂，因而忍基梦里出现的应该是讲堂。

忍基将梦境告知师傅思讬，思讬由此知晓鉴真圆寂之日将近，于是急忙召集弟子，开始为大师取像塑形，制成了如今御封为国宝的鉴真大师尊像。

鉴真大师塑像的制作过程称为“脱活干漆”：首先用塑土铸造大体轮廓；在此基础上用漆将麻布等多层叠加；待漆干后，脱去内部塑土，塑像便制成了。仅凭外观无法得知，实际上这座像体壁极薄，因而重量也格外轻。据说当时漆十分稀有、贵重。从增强作品的表现力上来说，当然漆涂得越厚越好。不过作为黏合剂的漆甚是昂贵，无法大量使用，只是薄薄地涂了一层——有人对鉴真大师尊像做出上述判断。

当时的唐招提寺是私立律学研究所，财政上并不宽裕。但鉴真大师德高望重，有力支持者为数众多。以孝谦上皇为首，掌握政界主导权的藤原仲麻吕也诚心皈依。因此若想得到财政援助，易如反掌。

所以，塑像轻薄，因时间不足的解释似乎更为适宜。大师圆寂之期迫近，要想塑像，必须让大师端坐，但不能让他盘腿打坐持续时间过长。因为大师疾病缠身，自那年春天开始体力便急剧衰退。

弟子们一边在心底暗自哭泣，一边加紧塑像。不久大师便要驾鹤西游，弟子们心中焦急，唯愿制作一尊一模一样的塑像，作为心灵支柱。

在这样紧迫的状况下，经过弟子们全神贯注、夜以继日的努力，鉴真大师的尊像完成了。大师于当年五月六日圆寂。五月六日是阴历，忌日定为阳历 6 月 6 日前后。

唐招提寺的伽蓝塔、食堂和西室等处曾因失火而烧毁。芭蕉来此朝拜时，开山堂位于西室的北面，在西室的大火中被殃及，后移至东室的北面。在此次火灾中，鉴真大师塑像却奇迹般地被抢救了出来。

西室遗迹旁边是池塘，西边建有戒坛。鉴真大师为传授戒律而来，所以此戒坛对于唐招提寺来说十分重要。穿过东门往北走，便能看见一座庙宇。这处幽静之地，正是鉴真大师的墓地。

以前安放在讲堂里号称“唐招提寺样式”的诸佛像，有些已受损严重，现在藏于新建的藏宝阁中，由此讲堂便空了出来。但是，讲堂原本应是讲学之所，不应作为安放佛像的地方。讲堂由于提高了基坛，中间便空出来，于是又回到天平时期的模样。

唐招提寺内至今仍散发着鉴真大师和天平时代的气息，历久而弥浓。

共有的文化

中国经典著作的一个特征是普通人经过一般的努力便可读懂。这里说的普通人，不仅指中国人，还包括依靠颠倒符号[①]或者通过训读汉文把汉语作为日语来读的人。我觉得主要是因为中国的经典著作传统几乎没有断绝。

其他地区的经典著作则未必如此。比如，一个普通人能否经过一般的努力读懂希腊经典或许就成了问题，更何况埃及的圣书体[②]和现代阿拉伯字母之间存在着过大的隔阂。

此外，汉字是表意文字，虽然发音随着时代和地域的变化而有所改变，但记载下来的经典著作几乎原封不动地流传到现代。

魏文帝曹丕（曹操的长子）说："盖文章经国之大业，不朽之盛事。"他跟随父亲曹操南征北战，纵横沙场。据说军费不足时曹操便下令挖掘坟墓来填补财政亏空。

---

① 指日本在训读汉文时在汉字左下角标注的符号。

② 古埃及人使用的一种文字体系。

（曹）操帅将吏士，亲临发掘，破棺裸尸，掠取金宝。

——《文选·檄》

亲眼见过这种场面的曹丕深知“不朽之盛事”有多么困难。不论帝王贵胄生前衣饰多么华美，死后也不过落得曝尸在外、金银财宝被劫一空的下场。与之相比，留传下来的文章则会永垂不朽，一往如初，因为写文章的人总会想着让它永远流传下去。

日本把认识汉字当作一种修养，直到明治初期，男子大多用汉文来明志。西乡隆盛在一首言志汉诗中写道：“不为儿孙买美田。”或许是因为他想起了《后汉书》中庞公说给子孙留下遗产就是留下危险的故事。

明治以前，“诗”即汉诗，“歌”即和歌。如果说诗歌是日本人文艺的核心，那么汉诗背后的中国故事便是中日两国文人共有的东西。自明治时代以来，这种共享状况日渐式微。

松尾芭蕉曾说他揣摩过李杜（李白和杜甫）的心境，并袒露了他的倾慕之情，但白居易对日本文人的影响远远大于二人。白居易（772—846）在世时，他的著作便传入日本。《枕草子》中说：“文是《文集》《文选》，文章博士所做的申文。”“文集”二字就意味着是白居易的作品《白氏文集》，可见他的文章深受人们喜爱。

虽说中日共享了经典著作，但日本是根据颠倒符号阅读的，障碍颇多。就这一点而言，白居易的文章浅显易懂，而且像《长恨歌》《琵琶行》那样的长诗具有故事性，更易于理解。

江户时代的室鸠巢[①]曾指出，中国的诗歌自古晦涩难懂，日本人难以理解，唯独白居易的作品简明易懂，因此平安时代十分流行。

① 室鸠巢（1658—1734），日本德川时代中期的儒学家，著有《太极图述》《赤穗义人录》等。

浅显易懂并不是白居易的诗深受日本人欢迎的唯一原因。即便同样浅显易懂，白居易也有不易被接受的作品。白居易给友人元稹的诗中，把自己的作品分为“讽喻”“闲适”“感伤”三类，并认为其中最重要的是“讽喻”。然而，正是这些讽喻诗，最不受日本人欢迎，很少有人读。

如《诗经》序中所云：“言之者无罪，闻之者足戒。”讽喻诗就是替百姓说出想说的话。古代专司其职的部门叫作乐府，其作品也叫乐府，白居易的讽喻诗就是这种乐府，他将自己的作品称为“新乐府”，并称：“为君，为臣，为民为物，为事而作，不为文而作也。”

比如，他在一首题为“海漫漫”的诗中作注说：“戒求仙也。”这首诗主要内容是，如果天子热衷于求仙长生，百姓就会陷于水深火热之中。

《胡旋女》中则注释“戒近习也”。这是一首吟咏波斯舞女的诗歌，但其本意则是天子应当慎重挑选左右亲信。

《新丰折臂翁》相当有名，它的注释是“戒边功也”。这首诗讲述的是一位老翁年轻时为了逃避征兵，将自己的手臂折断的故事。老翁因此得以长生，欢喜不已。这首诗是为了劝诫统治者停止征战。

还有一首诗，吟咏的是长安盛行的牡丹花，采取了赞美天子关注农事而非牡丹之美的形式。因为当时长安兴起一股“牡丹热”，白居易对这种“花开花落二十日，一城之人皆若狂”的现象感到不满。

事实上，天子不仅不关心农事，反而可能是“牡丹热”的始作俑者，白居易正是为此忧心不已。

读白居易的“新乐府”便知，他在这种讽喻诗上下的功夫最多，我们也能够从中感受到他的抱负——当诗人就是为了作出这样的讽喻诗。

然而，受日本人欢迎的还是闲适和感伤类型的诗，而讽喻诗则几乎无人问津。按照白居易自己的分类，他的代表作《长恨歌》和《琵琶行》应该属于感伤诗。

讽喻诗多议论时事，涉及对当时皇帝的劝谏和进言，多是热门话题。而一海之隔的日本则无法理解新丰老翁说的云南和泸水这样的地名。即便能理解，那也不是日本读者所期待的诗歌。

《倭汉朗咏集》汇集了深受平安时代贵族喜爱的文学作品，其中汉诗部分共收录 80 位诗人的作品，白居易的作品最多，有 135 首，此外再也没有收录作品超过 50 首的诗人。《倭汉朗咏集》几乎收录了除讽喻诗外的所有白居易的作品。日本人喜欢白居易，看来只喜欢他的一部分。

不过，日本人广为传诵的《唐诗选》[①] 中，白居易的诗一首也没有收录。或许是因为这部选集的重点在于初唐和盛唐时期。《三体唐诗》[②] 也没有收录李白和杜甫的诗，因为这本诗集将重点放在中唐和晚唐时期，与《唐诗选》形成互补。

《唐诗选》或许是假借名人的名义编集的，但编集得很好，将其与《三体唐诗》一并阅读，便可大致了解唐诗的全貌。

《白氏文集》是日本平安时代文人的必读书目，《唐诗选》和《三体唐诗》紧随其后，成为中日共有的文化财富。这种共有程度在明治时代以后日渐降低，但是过了一百多年，这种看法似乎需要重新审视。

站在亚洲的角度来看，迎接新时代时应该让难得积累下来的前人遗产发挥作用。以白居易的诗为例，我认为与短短的百年相比，即使了解一千多年前先人怀着怎样的感慨去吟咏白诗这一点，也有着深远的意义。

---

① 明朝李攀龙编纂的唐诗选集。

② 宋代周弼编写的诗集。

芭蕉[1]与杜甫

某一领域的创始人必须是个专心致志的勤奋人，同时也必须是个不知满足的有心人。

将从各个方面获取的营养成分吸收到自己要创造的艺术中去，这正是芭蕉在俳句制作上的做法。除了以往的文学形式，他还把外国的诗文当作营养成分，尽管当时只有中国的诗文。例如，杜甫在诗中所运用的倒装法，芭蕉就把它引入自己的俳句中。杜甫《秋兴诗》八首中有这样的诗句：

香稻啄余鹦鹉粒，
碧梧栖老凤凰枝。

本来应是“鹦鹉啄余香稻粒，凤凰栖老碧梧枝”，为了强调“香稻”“碧梧”，杜甫将它们放到了句首。

① 松尾芭蕉（1644—1694），江户时代前期的一位俳谐师。松尾是本姓，但一般均以芭蕉直接称呼他而不用姓氏。他公认的功绩是把俳句形式推向顶峰，但是在他生活的时代，芭蕉以俳谐连歌（由一组诗人创作的半喜剧连接诗）诗人而著称。重要作品有《野曝纪行》《笈之小文》《更科纪行》《奥之细道》《嵯峨日记》等。

己が火を木木の蛍や花の宿

（流萤不知身带火，错把树丛当花都）

鐘消えて花の香は撞く夕哉

（晚钟撞过音消去，又有花香扑鼻来）

芥川龙之介[①]指出，在上面芭蕉所作的两首俳句中，芭蕉运用了特殊的表现手法，这便是受上述杜甫句式的影响。为打破常规而借鉴外国文学的技巧并不是坏事，只是难点在于中日两国的语言体系根本不同：一个是黏着语（日语），另一个是孤立语（汉语），并且二者的语序也不一样。因此，虽然中国诗人为了使自己的诗不落俗套，在改变语序时煞费苦心，但在日语里，改变语序却是轻而易举的事。

杜甫在《白帝城最高楼》中有一句“杖藜叹世者谁子”，这个诗句杜甫使用了破格的表达方式。在汉语中，“谁”通常是放在句首。芭蕉模仿这一诗句，创作了这样一首俳句：

髭風を吹いて暮秋嘆ずるは誰が子ぞ

（一阵凉风吹须过，又是谁人叹暮秋）

但是，作为日语语序，还是换为“谁人凉风吹须过……”为好。如果借用这种形式上的技巧，表达往往会变得生硬。在运用杜甫的倒装法时，芭蕉应该是注意到了这点。

芭蕉作为审美意识方面的名人，大概感觉到了应该学习杜甫的诗魂而不

① 芥川龙之介（1892—1927），日本小说家。代表作有《罗生门》《竹林中》《鼻子》《偷盗》《舞会》《橘子》等。芥川龙之介是新思潮派的代表作家，创作上既有浪漫主义特点，又具有现实主义倾向。他的文笔典雅俏丽，技巧纯熟，精深洗练，意趣盎然，别具一格。

是其形式。也许芭蕉从一开始就崇拜杜甫的诗魂，所以他才想连形式带技巧都引入自己的俳句中吧。

芭蕉从杜甫那里学到的最重要的东西是“为表达自己的内心所思而捕捉自然”的这种方法。关于这一点，吉川幸次郎[①]先生早就指了出来。

“山はみな蜜柑の色の黄になりて（晚秋景色一片黄，群山皆披蜜橘装）”是从杜甫五言律诗《放船》的“黄知橘柚来”中得到的启发。这类例子有很多，将其一一列出意义不大。漆山又四郎[②]先生在他的《译注杜诗》中指出，“逃水や椿流るる竹の奥（译者译：蜃景出现如魔幻，茶花流经竹林边）”是受到了杜甫的《夜宴左氏庄》中“暗水流花径”的启示。“春雨やふた葉にもゆる茄子種（新芽初露茄子种，又逢春雨蒙蒙来）”是从《春夜喜雨》的“好雨知时节，当春乃发生”中获取的灵感。

如果仔细品读芭蕉的俳句，我有一种不得不那样联想的感觉。在芭蕉的俳句中，如果我们用心查找漆山又四郎先生所指出的那类例子，就会发现还有很多。我想偶然一致的地方也应该不少。

我在这里必须指出，如果要探讨“明ぼのやしら魚しろきこと一寸（天色微明来岸边，一寸白鱼入眼帘）”和杜甫的《白小》里的“白小群分命，天然二寸鱼”之间的关系，恐怕其相似度要比前文所举的《春夜喜雨》与“春雨やふた葉……”的相似度更高。

延宝八年（1680），37岁的芭蕉迁居到深川，因离大海很近，所以他从杜甫的诗句“门泊东吴万里船”中取了一个庵号，叫“泊船堂”。在芭蕉的真迹中，我们真的发现了他写的“门泊东海万里船”。至于芭蕉是错把吴写成海的，还是故意改写的，我们尚不清楚。但无论是哪种情况，都说明芭蕉对杜

---

① 吉川幸次郎（1904—1980），文学博士，日本国立京都大学名誉教授，东方学会会长，日本艺术院会员，日本中国学会评议员兼专门委员，日本外务省中国问题顾问，京都日中学术交流座谈会顾问，日中文化交流协会顾问，中国文学和历史研究家。吉川幸次郎著作等身，有《吉川幸次郎全集》26册，皆为有关中国学术的论著。

② 漆山又四郎（1873—1948），明治—昭和时期的汉学家，文学家。发表小说《雀踊》，编辑出版有《陶渊明集译注》《唐诗选译注》等。

甫倾慕至极。

而更为重要的问题是，芭蕉果真对异国他乡的诗圣杜甫有正确的理解吗?

芭蕉将自己的俳句看作是与天下国家无关的，甚至是与现实生活相脱离的另一个世界的东西。自然观照法是一种将自己心灵投射到自然中去的观察方法。芭蕉甚至把这种方法也当成与下流的俗界相隔绝的“三昧境界”中的方法。

也就是说芭蕉追求的是纯文学。这是他培养纯粹诗思的一种尝试。

即使同样的心灵投射，杜甫忧虑的是天下国家，他希望得到较好的地位，实现自己的社会抱负。杜甫是非常现实主义的，就拿作诗来说，当时的高级文官考试最看重诗文，所以他一定是为此苦练了作诗的技巧。

尽管如此，杜甫却不被当时的社会所认可，并且他处在安禄山叛乱那样一个混乱时代。被杜甫投射到自然中去的内心起伏来源于那种活生生的现实。

芭蕉好像没有注意到这些，而是把杜甫的漂泊看成隐居者的旅行。芭蕉认为杜甫和喜欢漂泊的自己很相似，所以他对杜甫感到亲切。而实际上，杜甫却不想到处游走。

明朝邵傅所著的《杜律集解》几乎是唯一通俗的杜诗指南书，但同时又是一部敷衍之作。这部《杜律集解》印刷后不久，就无人问津了。然而，芭蕉出游时小心翼翼地装进行囊的大概就是这本书吧。

必须指出，只读这本书是芭蕉的不幸。但是，仔细想想，误解也是一种理解。至少芭蕉为理解杜甫，按照自己的方式做出了努力。

在这一过程中，俳句汲取了营养，越来越富有内涵了。

极端一点说，正因为芭蕉误解了杜甫，对杜甫怀有亲近感，所以杜甫的某些部分才会成为俳句的血和肉。

海盗林凤

菲律宾总统阿基诺夫人接见中国代表团时，曾谈到自己的祖父是中国人。还有传闻说，马科斯总统接见某个蔡姓中国实业家时，为了表示欢迎之意，对他说道：“我也姓蔡，我们是本家呀。”

很多人都认为，菲律宾的历史是16世纪中期处在西班牙统治下之后才真正开始的。这种说法是以文献记录为标准的，实际上菲律宾这个国家更早就已经存在了。中国的史书中就零星地出现过疑似菲律宾的国家。元代的《文献通考》中有这样的记载：

摩逸国，太平兴国七年（982），载宝货至广州海岸。

文中又说摩逸国在渤泥（婆罗洲）的北边，所以肯定是菲律宾的某处，藤田丰八认为应该相当于现在的菲律宾民都洛岛。同样是元代的《岛夷志略》中提到的“麻里噜”，肯定指的就是马尼拉。其余的书籍如13世纪的《诸藩志》中则记载道，在麻逸（同摩逸），商船进入港口后，船员就会下船与当地人混居。大概因为当地生活太过舒适，甚至留下了如下的记载：

亦有过期不归者，故贩麻逸舶回国最晚。

由此我们也可以知道，早在西班牙开始菲律宾的殖民统治之前600多年，菲律宾就已经与中国有往来了。并且，有不少中国商人留了下来，和当地人关系十分友好。但受西班牙统治后，在菲中国人多次受到迫害。在少数人统治体制下，“分区而治”（devide and rule）是殖民地统治的铁则，统治者最害怕的无非就是多数人的团结。为了破坏被统治者间的团结，西班牙殖民者采取的基本方针是让土著和在菲中国人（也就是华侨）之间的关系恶化。即使这样，当地人和华侨之间出生的混血儿还是在不停地增加。从中菲近1000年的交流历史来看，阿基诺夫人家族还算是比较新的移民混血家庭。

根据西班牙方面的记录，16世纪末期，有一位名叫Limahon的中国海盗头目，曾率领大批人马袭击吕宋岛，副首领是个名叫Sioco的日本人，他们攻入了马尼拉。西班牙的政府军经过一番苦战之后才最终击退了他们。

Limahon到底是何方神圣？根据中国方面的史料记载，当时横行南海的海贼首领有曾一本、林道乾、林凤等人。《明史》中称曾搅得吕宋不得安宁的海贼名为林道乾，但《明实录》中记载的则是林凤。中国人除了名外还有字，林道乾和林凤也有可能是同一个人。但也有史料称林道乾是福建泉州人，林凤是广东饶平人。如果将“Limahon”看成“Li-ma-hon”的话，汉字也可以写成“李马奔”。

在南方，“林”的发音是lim。称呼对方时为了表示亲昵，还会在名字前加一个“a”，如今这种称谓方式已经很普遍。这个“a”，汉字可以写成“阿”或者“亚”。因此，“Limahon”也有可能是指林阿凤（Lima-hon），但同时，“a”音也可放在名词后面作为指小词。譬如，我的名字在闽南语中的发音为“Tan Sun Sin”。长辈或与我关系极为亲近的朋友，在我不在场的时候谈论我的话，就会称呼我为“Tana Sun Sin”。另外与我关系非常亲近的人在面对面称呼我的时候，一般会在姓的后面加上一个表示“的”的“e”音。这种情况，一般只单叫姓，不叫名字，也就是“Tane”，这种叫法比较潇洒，有点类似江户时代的“……的”，比如“哎，河内家的”这种感觉。话题有些扯远了，但西班牙方面的“Limahon”记录如果指的不是“Lim a-hon”，那就是“Lima hon”，我认为不论是哪一个，指的都是林凤。

明朝当时为了抵御倭寇，实施了海禁，只要是漂泊在海面上的船都会被明朝政府视为海盗。林凤一伙人则肯定是自带武装的贸易组织。处在海禁时代，日本想买中国产的生丝的话，就不得不和这些非法组织进行交易，并且有必要派人潜入这些组织当中，据说突围马尼拉的副首领 Sioco 就是日本人，大概平日里被称为“壮公”或者“庄公”吧。

从明朝政府的角度来看，林凤是违犯禁令的海盗。从西班牙的角度来看，他是来争夺商贸权的对手。但如果西班牙将林凤团伙称作海盗的话，从墨西哥横渡太平洋而来的西班牙团体组织也一样是海盗。西班牙从 1565 年开始了对菲律宾的侵略，1571 年时在马尼拉设置了基地，林凤攻击吕宋则是 1574 年的事。

迟来一步的林凤，带着反转局势的想法发动了进攻。

《明实录》中，万历二年（1574）十月辛酉日留有这样的记载：

总兵胡守仁、参将呼良朋追击之，传谕番人夹攻，贼船煨烬，凤等逃散。

当时抵御了林凤的攻击并将其击退的，实际上是西班牙将军萨尔塞多，明朝总兵和参将的军队并没有到达吕宋。尽管如此，在给朝廷的报告中，他们还是称自己与西班牙军队“夹攻”了海盗。西班牙并不是因为接到了明朝皇帝的诏令才出战，而完全是为了保护自己的商贸权才应战的。

理应溃不成军的林凤团伙第二年又出现在了福建广东沿海一带，总兵胡守仁一直将他们追击至淡洋，并报告称击沉了海贼船二十多艘，林凤逃亡西蕃。

马尼拉攻击失败之后，林凤在邦阿西楠附近安营扎寨，希望自己能够东山再起。但最终他还是未能抵挡住西班牙将军萨尔塞多的猛攻，于1575年8月逃离了菲律宾。林凤团伙战斗力变弱，或许和副首领日本人庄公的战死不无关系。

《明实录》中记载道：

> 把总王望高等以吕宋夷兵败贼林凤于海，焚舟斩级。

《明史》中只是将“夷兵”写作“蕃兵”，将“败”写作“平之”，描述时使用的措辞都大体一致。向北京传达报告时，说指挥了西班牙军队的是明朝的把总王望高。

但实际上王望高到达吕宋时，林凤已经被包围，溃败只是时间问题。西班牙方面的记录中留下的“Omocon”，指的肯定就是王望高了。

明朝军阶中最高的是提督，相当于现在的师长。往下是总兵，大概就是现在的连队长。再往下才是参将、游击、把总，所以王望高只是个下级校官，或者是个上级尉官。只有这种官阶，却说他指挥西班牙军讨伐了海盗，其中肯定有不少粉饰的成分。西班牙方面倒也是对王望高非常礼遇，主要是希望凭借惩办海盗的功绩，建立与中国的通商关系。西班牙当局与王望高商量之后，派遣了马丁·德·拉达和赫罗尼莫·马丁两个传教士前往福建。

因为击退海贼有功，福建当局款待了这两位传教士，并给他们以赏赐，只不过最后没有缔结通商条约。在海禁时期，这种与根本国策息息相关的问题，地方官员自然是不敢随便定夺。拉达通晓中文，返回吕宋时，购买了一百余部汉文书籍。不久后他就成了汉文化的传播者，这也可以说是西班牙在林凤事件中的最大收获。

1576年，西班牙向福建派遣了使者，15年之后，丰臣秀吉给吕宋的西班牙政府送去了一封颇带威胁语气的书信。对于通商这件事情，菲律宾的西班牙当局当然是持欢迎态度的，但秀吉书信中的措辞非常强横。看到“若不进贡就要征伐”之类的言辞之后，当时的总督戈麦兹·佩雷斯·达斯马利亚斯甚至开始怀疑这封国书的真实性，于是他派遣传教士凡·科博前往日本进行确认。此后还有几次使者的往来，但对于日本提出的投降要求，西班牙当局回答道：我们不承认西班牙皇帝菲利普二世以外的君主。

西班牙多次派出使者，也是为了瞄准与日本的通商机会，不过未能达成这个目标。

林凤逃出吕宋以后下落如何，史料中没有留下明确记载。有传闻说他占据了渤泥，也就是现在的婆罗洲文莱一带。但林凤一党已然失势，再也没有登上历史的光辉舞台。

自此以后，南海的贸易权为福建的新兴势力郑氏一族所掌握。林凤叱咤海上之时，他的副手是一个名叫庄公的日本人。与林凤一样，郑家也同样与日本颇有渊源。郑家的顶梁柱郑芝龙，曾在日本平户居住过一段时间，那时他与日本妻子生下的孩子便是国姓爷郑成功。日本对于生丝的需求，在南海贸易中占了很大的比重。

刘继宣在《中华民族拓殖南洋史》（1935年出版）中曾提到林道乾曾想要仿效徐福在日本发迹的故事。正如前文所述，这里的林道乾与林凤很有可能是同一个人。徐福则是传说中秦始皇时期船载众多童男童女横渡东海的人物。林凤率领的部队有4000人，但全员并不都是战斗人员。有史料记载，福建总兵胡守仁追击林凤，在碣石俘虏了男女“贼徒”八十多人。“男女”这种记载方式，是否暗示着他们是大规模的移民呢。说不定林凤真的在婆罗洲定居，修建了自己的住宅，安然度过了晚年呢。

事件与信息传递——鸦片战争与日本开国

鸦片战争与信息传递

仔细调查历史事件，会发现一个事件往往导致另一个事件在遥远的其他地方发生。例如，4 世纪时西哥特人受到“匈人”压迫，迁移到了罗马帝国境内。“匈人”正是北匈奴人，这一点据《魏书》基本得到了证实。而北匈奴受到南匈奴和东汉的驱逐，于 2 世纪从中国历史舞台上消失，也就是说东亚的历史事件导致了欧洲历史事件的发生。

时代越往后，这种连锁反应发生的速度就越快。通信手段变得越来越发达，信息瞬间就会传递至远方，用“连锁”来形容都似乎有些不够快了。电报实际投入使用是在 1845 年，即南京条约签订 3 年后。马可尼发明无线电报还要等到半个世纪之后，但鸦片战争确实是最后一场没有使用电报的大规模战争。

鸦片战争爆发

虽说如此，鸦片战争时期信息的传递速度还是比以前要快得多。虽然那个时代信息与命令依然通过文书或口头传达，但信息传递的载体是船只。为了以最好的价格把中国的茶叶卖出去，东印度公司致力于提高船舶的速度。

林则徐发出严格的禁烟令后，当地的大鸦片商渣甸等人便回国了。他们并不是打败仗逃回去的，而是要回国制造舆论，要求派兵惩罚打击鸦片贸易的清朝。所谓“舆论”，其实是对议员施加影响。最后，为远征清朝支付军费的议案在众议院以 271 票赞成、262 票反对通过，仅有 9 票之差。如果没有渣甸等鸦片商人的极力鼓动，议案肯定会被否决，也就不会有出兵这回事了。

没收两万箱鸦片（1839 年 3 月）的事件与英国议会通过军费支付案（1840 年 2 月）之间当然存在链式反应关系，但链式反应也花了 11 个月的时间。

从冲突现场广州到朝廷所在地北京，即便乘最快的马，至少也需 20 天，也就是说，广州的信息传递到北京至少也要 20 天。信息传递到北京后，北京方面还无法立即确认，需要派人进行确认或调查，这又要花 20 天时间，实际上不止 20 天，因为派去执行这种任务的一般都是高官，他们不可能快马加鞭地连夜赶路。

穿鼻海战

英国的远征舰队到来之前，两艘英国军舰曾在一个叫穿鼻的地方与清军交火。战斗结果，英方两艘军舰一艘被击伤，另一艘完好无损，而清军的 29 艘兵舰最后只剩 3 艘能自行移动，还有 15 人战死。英舰把炮弹打光以后撤退了，清朝方面却向北京“报捷”。北京发出命令，要求前线不得惧敌，不必担心事情做得过火，是一道要求清军逞蛮勇的命令。在朝廷中，顺天府尹（相当于北京市市长）提出“封关禁海”即绝对锁国的策略，而林则徐则认为英国以外的各国商人都很恭顺，应正常贸易。

禁烟的有关人员采取了温和的姿态，清政府却做出了激进之举。作为事件之间连锁反应的前提的信息，不仅有传递时间长短的问题，更有虚实的问题。而且，禁烟现场的实际氛围也很难靠口头或文书来传达。

信息传递的速度与事件的进展

以上问题对于英国也是一样。与清朝交涉不顺的义律为了求得本国的理解而过分夸大了难处，而英国是在他的夸大报告基础之上制定对策的。

担任英国远征军总司令及全权大使的懿律少将是义律的堂兄，在中国的义律担任副使。6 年以来在当地的义律和刚刚从英国而来的懿律之间一直存在分歧，懿律考虑任何事情都把“大英帝国的权威”放在首位，而义律则重视商人的利益，认为不能把对手逼得太紧，否则贸易就无法持续下去。结果义律在战争期间就被罢免了。除了信息传递所需时间和正确性的问题之外，我认为当事人“身上所带有的东西”也是影响历史事件走向的重要因素。

前面我们讲过电报时代之前鸦片战争的情形，但进入电报时代后，事情并没有一下子就彻底变化。1910 年是辛亥革命的前一年，也就是清朝的末年。这一年清政府仿效日本发行了《官报》，上面刊有发布的法令，后面还附有但书。法令与通知生效所需的时间：广州为发布日的 20 天后；云南为 60 天后；新疆乌鲁木齐为 90 天后；新疆伊犁地区为 120 天后；西藏则为 165 天后。

分析近代史时，必须时刻意识到信息的传递是需要时间的，否则就无法正确把握历史事件之间重要的“链式反应”。

西伯利亚铁路与修改条约

任何时候，地利都非常重要，尤其是在通信手段和战争手段还不像今天这样发达的时代，其重要性则可以说是绝对的。日本急于发动甲午战争的原因之一，是俄国已经开始着手修建西伯利亚铁路。在获得大陆据点这方面，日本是有地利的，能够比其他任何国家都能更方便地输送物资与人员。然而，一旦西伯利亚铁路完工，日本的地利将大为受损。于是，日本决定趁尚保有地利优势的时候发动战争。

当时，日本国民普遍希望能够修改国际条约。如果向朝鲜出兵，遭到国际社会谴责，导致条约修改无法进行，那就十分不妙。甲午战争前夕，日本正在伦敦与英国就修改条约进行谈判，且已经进入最后阶段，只剩下帽子和砂糖的关税问题。19 世纪 90 年代，英国是世界上最大的帽子出口国，而明治维新二十多年以来，日本的帽子制造业也在逐渐成长。为了保护本国产业，日本希望提高英国帽子的关税，而英国的目标是进一步扩大帽子出口，自然希望降低关税。

1894 年 7 月 12 日，陆奥外相给日本驻伦敦的青木公使发去一封电报，通知他如果 7 月 14 日之前能够签字的话，帽子和砂糖的关税可以让步。青木公使按照该指示继续开展工作，但最后签字是在 7 月 16 日。接到青木公使关于签字完毕的电报后，陆奥外相立即赶赴皇宫报告此事。第二天，即 7 月 17 日，大本营御前会议召开，会上做出了“与清国一战在所难免”的决定。

西伯利亚铁路是日本急于对中国发动战争的因素，而修改条约则是抑制发动战争的因素，这些因素都对事件产生了微妙的连锁作用。从某种意义上来说，日本最后是以牺牲本国帽子产业来强行发动对华战争的。

中法战争与甲申政变

甲午战争爆发的 10 年前，即 1884 年，日本曾试图在朝鲜建立亲日政权，但以失败告终，这就是甲申之变。当时日本方面的想法是中法战争已经开始，清朝应该无法全力应对朝鲜问题。

实际情况是，法军在越南与清军交火，并陷于苦战。在越南令法军吃到苦头的是刘永福的“黑旗军”。法国陆军在谅山与黑旗军交战落败，但法国海军给清朝海军以沉重一击。如果日本此时在朝鲜发动政变，清政府就不得不分散精力应对朝鲜问题，而获渔翁之利者则是法国。

自由党的板垣退助与后藤象二郎等人在东京会见了法国驻日公使桑克维，要求法国向日本提供 100 万美元以资朝鲜政变军费之用，就是基于当时局势所考虑的。

据说，当时身在朝鲜的竹添公使和岛村代理公使对发动甲申之变的态度比东京方面更为积极。日本将强行发动政变的方案称为“甲案”，将尽可能在不刺激清政府的前提下扶植日本势力的稳健方案称为“乙案”，最终由东京来决策。当时日本与朝鲜之间尚无电报，东京在甲乙两案中作何选择，要通过定期往来船只“千岁丸”来联络。

然而，政变的准备正在有条不紊地进行着，已经箭在弦上。其结果是在朝日本势力在“千岁丸”尚未抵达仁川港时，就以发生了特殊情况为借口发动了政变。然而，政变未能成功，金玉均等政变派要人被迫逃亡日本。

中法战争与甲申之变之间很明显存在连锁反应的关系，而如果当时有电报的话，可能时局又会朝着另一个方向发展了。

有人说历史不允许假设，但是品味历史时，确实还是需要假设的，特别是从历史中吸取教训时，讨论真实历史以外的可能性就变得格外重要。

1985 年是林则徐 200 周年诞辰，各地都举行了纪念活动。作为其中一环，他的出生地福建省福州市召开了学术讨论会，我也忝列末席。讨论会上发言议论相当自由，在分组会上，有人提出这样的一种“如果”：“林则徐除了没收两万箱鸦片以外，就没有别的办法了吗？此举导致了鸦片战争、割让香港岛、支付赔款、被迫签订不平等条约。假如当时采取了更为稳健的策略，结果又会如何呢？”当时参会者被分成三个组，我被分在第二组，与提出以上观点的人不在同一分会场，此事我是后来听说的。这个提问的角度很有趣。

提出以上假设的，是在外国大学研究中国近代史的中国学者。他好像是受到了日本历史的启发，日本虽然也被迫签订了不平等条约，却没有卷入战争，反而国力得以增强，最终成功地修改了不平等条约。那么，中国有没有可能选择相同的路线呢？这就是他的问题意识。

这实际上属于日本与中国的比较研究，虽然这可能不是他的本意。当然，双方所处的局势和时代都有所不同。日本与美国缔结《神奈川条约》（1854）是在鸦片战争签订《南京条约》（1842）的 12 年后。

鸦片战争与日本

当日本面临国门将被外国强行打开的局势时，日本早已了解了鸦片战争的情形。必须承认，这是两国开国的根本区别。清朝只是听说英国“船坚炮利”，对其具体实力并无详细了解，通过鸦片战争，才真正领教到了。

关于鸦片战争的信息马上与日本产生了连锁反应。1841 年（天保十二年正月），战事方兴未艾，长崎町高岛四郎太夫向幕府进献了大小炮。《长崎年表》记载道：

> 去年，呈意见书于田口加贺守，征英清两国战争，述西洋炮术之讲究。加贺守呈之于老中水野越前守，至是征所持之炮，即西洋大炮四门、小铳五十铤，添附属品。本年年首，四郎太夫自持之以兼拜贺。幕府留之，赐金五百二十两。

进献大小炮绝非出于兴趣爱好，而是有着“征英清两国战争”的明确目的。

鸦片战争的相关信息是由当年的荷兰船和中国船带到日本的。幕府希望尽快从他们那里得到尽可能详细的信息，荷兰船本有每次赴日都提交荷兰风说书的惯例，但这一次不是由荷兰人单方面地向幕府提交报告，而是幕府积极“下问”荷兰人。

当时，越前守老中水野忠邦实行了极端严厉的禁止奢侈令，这是因为，得到关于鸦片战争的信息以后，日本产生了一种危机感——“接下来是不是就该轮到日本了？”因而打算在精神与物质两方面都做好应对准备。所以说，该政策是鸦片战争连锁反应的结果。

日本开国

收集来的信息越多，日本越感到英国军事力量之强大超乎想象。第二年，即天保十三年（1842）中英《南京条约》签订之年，日本幕府发布了《异国船处置令》，废除原先的《异国船驱逐令》，改行《薪水给予令》。虽然这还不是真正意义上的开国，但幕府已经试图避免驱逐令引起的不必要的摩擦，通过对外国船只进行燃料和淡水补充来营造友好的外交氛围了。毋庸赘言，该政策也是与鸦片战争的信息直接关联的。

1843年荷兰国王给幕府将军写了一封劝告其开国的国书，这封国书是第二年由哥布斯使节递交的。最后，幕府回信，拒绝了荷兰的开国劝告，但这毕竟不同于全然置若罔闻。每次荷兰船到达日本时，都要递交荷兰风说书，已经成为某种形式化的走过场，但这一时期的风说书内容相当严肃，带有忠告的语气。幕府高层应该更明确地意识到这种忠告背后的真正意图。1850年的荷兰风说书中称，美国有与日本开展贸易的打算，这应该是山雨欲来的预告吧。

1852年荷兰商馆长库尔提乌斯将总督的信函递交给幕府，告知明年美国使节将来到日本，要求其开国。这等于说荷兰不仅进行了预告，还发出了开国的提醒。果然，第二年，美国人佩里到达浦贺，递交了总统的国书。佩里许诺幕府的答复期限延期至明年，然后离开了琉球。之后在第二年，日美就缔结了和亲条约。

林则徐面临的选项

日本首先获得了关于鸦片战争这个大事件的信息，并大为震动，之后又进行了充分的热身准备，才开始应对美国的要求，这与突然遭到英国远征军来袭的清朝恐怕没有可比性。没有人能给林则徐提供建议和忠告，他只得自己去努力了解以前从来不了解的外国。林则徐令人翻译了居住在澳门的外国人发行的中国杂志，并详加阅读，还让懂中文的美国医生伯驾抄写翻译瓦特尔的《国际法》（*Law of Nations*），将其定名为“各国禁律”。

林则徐知道这个原则，即在外国的外国人要遵守所在国的法律。既然清政府禁止吸食鸦片，那么即便是外国人也不能携带鸦片入境，违者必罚。在《各国禁律》中，林则徐确认这一点各国通用，而不仅仅限于中国。

以“还有其他选项”为由批评林则徐，恐怕对他有失公允。当时中国正因为鸦片流毒而处于国将不国的境地，使用雷霆般的手段（更何况还是合法的）乃理所当然。有其他选项的其实是英国，以九票之差发动的远征，真的就是最正确的决策吗？就没有更稳健的手段吗？

在福州研讨会的另一个分会场上，我讨论了荷兰风说书与日本人的好奇心的问题。当时中国人持有妄自尊大的大中华思想，对外国的好奇心极其淡薄。从比较研究的角度而言，最大的区别在于清朝当时正为鸦片问题而焦头烂额，而日本却没有鸦片问题。由于问题出在鸦片上，所以林则徐必须采取强硬措施。而日本由于没有受到这种严重问题的困扰，所以在了解自己与他国实力上的差距后，选择了暂时忍辱，接受了不平等条约。

我们虽然可以在“假设”的基础上思考问题，但更应该充分考虑对事实有影响的各种条件。比如说，如果我们直接假设“没有鸦片会怎样”的话，相当于直接把箱子里的东西搬空了。而用空箱子与其他箱子相比较，恐怕没有什么意义。

“亚罗号事件”

就连《南京条约》也未能使鸦片在官方文书的层面上合法化。不过，鸦片依然是英国对清贸易的头号商品，所以在实际贸易中往往会做手脚，以方便鸦片走私入境。由于现在清朝官员已经无权登船检查英籍船只，所以鸦片商在香港进行船籍登记，挂上米字旗，堂而皇之地进行鸦片买卖。

“亚罗”号就是一艘这样的鸦片船。清朝官员以其甲板上疑似有海盗为由登船检查，而英国则以自己的船只遭到清朝官员登船检查为由，再次发动战争。实际上，“亚罗”号的船籍登记已经过期，并且没有进行延长，所以已经不算英籍船只了。这一点英国也心知肚明，但英国隐瞒了这个事实，以便发动战争。那么战争的目的为何？正是使鸦片贸易合法化。

这次战争结束后签订的《天津条约》中，被偷偷加入了协定关税一条。鸦片作为非法商品，当然不会出现在关税表上。然而，现在只要新做一份关税表，把鸦片加上去，就能使鸦片合法化。这种手段颇为令人不齿。

英国方面称这次战争为“亚罗号战争”，而中国则称之为“第二次鸦片战争”，因为战争目的是鸦片的合法化。

西乡隆盛[1]与李鸿章

中国是在甲午战争战败以后开始研究日本的明治维新的。为什么甲午战争失败了呢？一经自我反省，便发觉能有这样的结果也不奇怪，不过还得思考对手为什么会胜利。甲午战争后，清政府改革热情高涨，日本明治维新与俄国彼得大帝改革便成了其学习的典范。可是，在顽固守旧的慈禧太后掌握实权期间，改革举步维艰。清朝维新志士们便寄希望于年轻的光绪帝，康有为、梁启超、谭嗣同这些志士积极准备，分析日本明治维新和俄国改革的文件，希望有朝一日呈给光绪皇帝。光绪帝虽已成年，但慈禧太后阻止他参政，而维新志士们希望皇帝亲政，便决定发动政变，但因袁世凯的背叛而失败。这就是戊戌政变（明治三十一年，1898）。

变法失败，康有为逃出北京；梁启超则躲进北京日本公使馆，获得了治外法权保护。他们二人不久后流亡海外。然而，谭嗣同虽暂时去了日本公使馆，但又返回来，因此被清政府衙门抓捕入狱并处以斩刑。其实这些都是谭嗣同计划好的行动，结果也在他的预料之中。

① 西乡隆盛（1828—1877），日本江户时代末期（幕末）的萨摩藩武士、军人、政治家，与木户孝允、大久保利通并称为“维新三杰”。

各国变法，无不从流血而成，今中国未闻有因变法而流血者。①

谭嗣同信念执着，34 岁时光荣赴死。他去日本公使馆只是为了将自己的文集交给梁启超。梁自然要他保全性命，劝他流亡，但谭嗣同说：

你为西乡，我为月照。我死很容易，但你选择生更难。②

此事在梁启超的《戊戌政变记》中有所记述，足见二位志士都十分了解日本明治维新的历程。

在明治维新出场的人物中，西乡盛隆大气洒脱，汪洋肆意，似乎中国人很喜欢他。虽然他被看作征韩论的首倡者，但似乎在中国仍然人气不减，颇受欢迎。伴野郎氏的《西乡隆盛的遗书》中说，西乡自告奋勇出使韩国，但没说要征韩。因为西乡的言论非常有名，也有人认为西乡应是最初提倡征韩的。可是，征韩论从幕府末期开始便作为一种政治思想存在于桥本左内③和吉田松阴④之间。维新后，这一论调从单纯的思想演变为政治问题，最热心的倡导者是木户孝允⑤。

伴野郎氏的这本小说让人读了觉得特别有意思，尤其是李鸿章在当时向日本派间谍搜集情报的情节。

---

① 谭嗣同完整原话为：“各国变法，无不从流血而成，今中国未闻有因变法而流血者。此国之所以不昌。有之，请自嗣同始！”

② 谭嗣同原话为：“月照、西乡，吾与足下分任之。”

③ 桥本左内（1834—1859），幕末开国论者，福井藩士，早年师于儒医吉田东篁；1849 年师从绪方洪庵学西医和兰学。

④ 吉田松阴（1830—1859），阳明学派思想家，名矩方，字义卿，号松阴，通称寅太郎。日本江户时代末期政治家、思想家、教育家、改革家，明治维新的精神领袖及理论奠基者。

⑤ 木户孝允（1833—1877），本名桂小五郎，长州藩出身，曾拜吉田松阴为兄，师从斋藤弥九郎学习剑术，向江川英龙学习西方军事学。领导讨幕运动，与西乡隆盛、大久保利通一起被称为“维新三杰”。

根据清朝的记录（《同治朝筹办夷务始末》），日本政府将于同治九年（明治三年，1870）派遣柳原前光前来商议邦交之事，而首席军机大臣恭亲王奕䜣反对此事。但是李鸿章给恭亲王送去书信，主张应该与日本结交修好。于是，第二年清政府便决定接见日本使节伊达宗成。当时李鸿章撰写的书信如下：

> 日本距苏浙仅三日，精通中华文字，其甲兵较本岛各国差强，现以英法美诸国受其欺压，心怀不服，而力难独抗，中国正可联为外援，勿使西人倚为外府，宜先通好，以冀同心协力。

此文的大意是，日本与中国邻近，又了解中国的文字，作为东方的国家，军事力量格外强大。现在日本遭受英、法、美各国欺凌，虽心存不满，但孤立无援，难以与欧美各国抗衡。中国应施以援手，而且不使日本成为西洋人的驻外基地，应抢先与日本结成亲善关系，以图同心协力。

这一年，李鸿章刚刚从湖广总督升至直隶总督。在武昌，他掌握了有关日本的确切情报。李氏在书信的字里行间充满了自信，这也反映了他对情报的真实性有十足的把握。那一定是非常信任的人提供的情报。这也证明了伴野郎氏对小说情节的设计并非空穴来风。

我读过李鸿章的奏稿（《李文忠公全集》），发现了光绪三年（明治十年，1877）的一则有趣的记录。1877年3月20日，因日本西乡隆盛作乱，驻天津的日本领事池田[①]拜见李鸿章，申请借枪弹百万发，李鸿章却只借给了十万发。这个决定最终是否执行，我不得而知。无论如何，从前文所写“同心协力”来看，我不由得感到李鸿章和西乡之间有相通之处。

---

① 即明治十年（1877），日本驻天津领事为池田宽治。

有待整理的探险

人们对大谷探险队前后三次探险的全貌尚未进行综合整理。目前，虽然公开出版了收集文物的图鉴《西域考古图谱》(1915，日本国华社)和队员日记结集《新西域记》(1937，日本有光社)，但这些都是原始资料，有待整理。这两册书都是限量发行的豪华精装本。《新西域记》上下两卷足有13公斤。近几年出版了复刻版，我也得到了柏林社版的《西域考古图谱》，放在手边参考，相当占地方。总之，将其当作写作素材，让人感觉难以接近，只好束之高阁了。

这批难得的大型探险旅行资料束之高阁，实在可惜。记得在NHK特别节目“丝绸之路”的庆功宴上，井上靖先生问我：“要想办法把大谷探险队的业绩整理一下，您觉得中国方面会有障碍吗？”中国应该不会对七十多年前结束的探险有所不满，所以我回答：“我觉得没有问题。”

为什么大谷探险队的业绩最后没有总结出来呢？也许有各种原因，但最大的原因或许是领导人大谷光瑞在第三次探险结束的那一年辞掉了净土真宗本愿寺派第22代法主的职位，由其弟弟继承。大谷光瑞之所以必须辞去住持的位置，是因为他的铺张浪费，当然派遣探险队也包含其中。

虽说如此，“铺张浪费”只是一种主观评价，我倒是认为西本愿寺最辉煌的成就就是大谷光瑞派遣的西域探险队，它比建造那些规模宏大的寺院更有意义。不过，如果因派遣探险队而负债累累，又牵扯到贪污案件，大谷所在的教派就不能置之不理了。实地考察结束，准备开始整理汇总时，项目负责人大谷光瑞便被迫退隐，年仅 38 岁，探险队的成果自然也就弃之不管了。不用说，大谷所在教派的新管理层一定采取了财务紧缩的措施。如果派遣探险队是大谷光瑞退隐的原因之一，那么他一定很难获得整理资料的资金预算。

大谷探险队进行了前后长达 13 年的探险，第一次是 1902 年到 1904 年，第二次是 1908 年到 1909 年，第三次是 1910 年到 1914 年。大谷光瑞亲自参加的是第一次探险，而且仅参加了其中的一部分行程。他为了考察佛教遗迹和留学，23 岁时便离开日本，游学四年。据说他游学的大部分时间都生活在伦敦，去西域探险的想法也是在伦敦时产生的。

1902 年 8 月 16 日，大谷光瑞与渡边哲信、堀贤雄、本多惠隆和井上弘圆四人从伦敦出发，经俄罗斯从里海沿岸的巴库到达撒马尔罕，经浩罕到达奥什，越过捷列克山进入喀什，又经由莎车进入帕米尔高原，最后到达塔什库尔干。在塔什库尔干一行人分为两组，分别行动。

大谷光瑞和本多惠隆、井上弘圆三人从塔什库尔干南下，越过明铁盖达坂，沿着罕萨[①]、吉尔吉特，即所谓的罕萨河谷来到印度。渡边哲信和堀贤雄二人再次返回莎车，从那里向东南出发，经过哈尔哈里克到达和田，到达和田的时间是 1902 年 11 月 22 日。他们在那里过年，第二年 1 月 2 日离开和田，前往阿克苏。《西域旅行日记》是与大谷光瑞分开行动的小组中的一人——堀贤雄的日记，记载始于从和田出发的前一天即 1903 年元旦，止于到达乌鲁木齐的 9 月 17 日。

《西域旅行日记》从 1902 年 9 月 5 日记录到 1904 年 7 月 4 日。不过，从

① 古代被称为坎巨提，是清朝的朝贡国。

1902 年 11 月 23 日（抵达和田的次日）到 12 月 31 日这段时间的记录中断。

如前所述，其他探险队员的日记收录在了《新西域记》里，不知为何堀贤雄的日记没有收录。与其同行的渡边哲信的日记也收录在《新西域记》中，后来又以“中亚探险谈”为题在《东京朝日新闻》上连载。或许是因为两人始终一起行动，编者有可能认为收录了一部，另一部就可以割爱了。然而，从文字数量上来说，堀贤雄的日记更多一些。

《西域旅行日记》中会经常记有测绘的事情，因为堀贤雄在牛津大学学习过地理学，测绘是他擅长的领域。因为是几十年前的记录，日记原文是用古典日语书写的，可能是因为他在欧洲周游了四年的缘故，日记多为横写而不是竖写。但是，他像其他明治时代的人一样有汉诗的素养，1 月 6 日的日记中记载了一首题为“一月二日雪中出和阗”的七言绝句，还提到堀贤雄的一个小小心愿：“今年之内想作三百首诗，回国之前还想再作三百首。”自不必说，他的汉文理解能力非常出色。

他的行李中装有唐玄奘的《大唐西域记》《西域水道记》《西域见闻录》等汉语典籍，时不时会从中引用资料。作为佛教徒，《大唐西域记》应该是他最重要的向导。奥莱尔·斯坦因也在探险旅行中把英译本《大唐西域记》放在手边，并将玄奘称为“我的守护圣人”。

正如大谷光瑞所说，大谷探险队的目的是“探明佛教东传的路径，探寻从前中国求法僧人进入印度的足迹，考察中亚被伊斯兰教徒控制后佛教受压制的状况，以期解开佛教历史上的种种疑问”。因此《大唐西域记》无疑是他们的《圣经》。

大谷光瑞讲道，他的第二个目的是“为中亚遗留的经论以及考古学研究提供资料，若有可能希望一并解决地理学、地质学以及气象学上的种种疑问”。这对于专攻地理学的堀贤雄来说是再合适不过的工作了。堀贤雄说自己“一边是牛津大学的学生，一边又在欧洲流浪”，似乎没有认真钻研学问。其实，那不过是一种谦虚罢了。读《西域旅行日记》便可发现，他不仅在测量方面投入了相当大的精力，还具备在当时来看有相当技术含量的拍照、冲洗和显影技术。这应该在探险工作中发挥了相当大的作用。

就算自己有权决定的事情，或者有能力提供的服务，边境的官员也通常会拒绝，因为做了就会有麻烦，什么都不做最为稳妥，多一事不如少一事。不过，如果有人给他们拍照片，他们就会以礼相还，可以给对方一些特别关照。堀贤雄在各地给当地的主要人物都拍摄过照片，因此他与当地实力人物关系很友好，这对他们顺利进行探险工作大有裨益。即便现在去边境地区，宝丽来照片也会发挥威力，在八十多年前照相尚未普及的时候，那无疑是一张有决定性作用的王牌。他在日记中也记载道，原本准备十分充足的相纸到达乌鲁木齐之前就用完了。

第一次探险从伦敦开始，起初乘火车旅行（里海乘船），到安集延为止。布哈拉和撒马尔罕只是经过而已。从俄罗斯领地安集延越过捷列克山到中国领地喀什的 14 天期间骑马前行，可以说是探险的真正开始。9 月 21 日一行人到达喀什。大谷光瑞也打算亲自参加中国新疆的部分考察，但因冬天前往印度的罕萨河谷道路会被封锁，时间不充裕，因此他直接从莎车进入帕米尔高原前往印度。在新疆考察半年左右道路就会重开，但大谷光瑞没有选择在此等待，大概是担心父亲大谷光尊的健康吧。五人之所以分成两个小组，就是这个缘故。

留下来的考察人员堀贤雄和渡边哲信决定先把大谷光瑞、本多、井上三人送到塔什库尔干。从莎车到塔什库尔干骑马需要 8 天。从塔什库尔干走其他路线返回莎车需要 10 天时间。往返需要 18 天才能走完的艰辛骑行路程，对于送行来说总觉得过于夸张了。

不过，对于留下来的堀贤雄和渡边哲信两人来说，送行的同时也是调查之旅。他们计划在新疆完成探险后到达乌鲁木齐，经过哈密从甘肃到西安府[1]，然后沿着汉江到达汉口、上海，所以不趁现在踏上帕米尔土地的话，之后就没有机会了。

塔什库尔干即《大唐西域记》中记载的国家朅盘陀，玄奘在这里停留了20天之久。如果探寻求法僧人的遗迹是探险的一个主要目的的话，塔什库尔干无论如何都不能忽略。

1979年10月我访问过塔什库尔干，从喀什乘坐吉普车花了10个小时。当时得知，吉普车行驶一个小时大概相当于骑马走一天的路程。根据道路好坏不同，汽车的行驶速度也有差异，过去马队一日行程大约是30公里，吉普车走山路时时速也大致如此。

骆驼商队住宿用的亚尔提·古木巴孜[2]也会选在取水方便的地方，每两处之间大约间隔30公里。现在往返帕米尔以汽车为主，亚尔提·古木巴孜几乎不再使用了，或者几乎倒塌，或者被拆除，只在塔什库尔干附近保留了一处，用作考古参考资料。当时，大谷探险队第一次是骑马旅行（美国成立福特汽车公司是第二年）。一行人从莎车而来，单程需要8天，但如果从喀什过来则需要10天。

我在塔什库尔干参观的被保存下来的亚尔提·古木巴孜，据说建造还不到100年。第一次大谷探险队的五人和随从人员来到这里时，或许当时住的还是全新的亚尔提·古木巴孜。这座砖土建筑，挤一挤的话大概能容纳30个人睡觉。

堀贤雄和渡边哲信送走大谷光瑞一行人后返回莎车，然后从莎车经哈尔哈里克、固玛到达和田。1977年我花了一天时间从喀什乘坐吉普车走完了这条路。根据我当时的记录，全程520公里，早晨6点20分出发，夜晚10点30分到达。旅途虽然十分辛苦，但当时心想："真是崇敬玄奘，因为那时候更

① 今陕西一带。

② "亚尔提"是游牧民族的圆形毛毡帐篷，"古木巴孜"是居住地之意。塔什库尔干河畔的"亚尔提·古木巴孜"并不是毛毡做的，而是用在当地随处可见的晒干的土炼瓦建成的。

辛苦。”从喀什到哈尔哈里克有五百余里，从库车到和田有八百余里。唐律规定每日行程需走 70 里，所以应该需要约二十天时间。

大谷探险队也是骑马赶路，所以几乎跟玄奘时代没有什么不同。旅途变得轻松至多也就是近几十年的事情。大谷探险队的旅行是在 20 世纪，会给人一种错觉，让人觉得与我们所处的时代很接近。而实际上，可以说他们当时的条件与玄奘时代的条件大体相同。所以，研究大谷探险队，有必要以这一事实为前提。

上述内容是《西域旅行日记》中省略的到达和田之前的考察内容，日记收录了从和田出发前一天开始的部分。七十多年后，我用更轻松的方式走了一遍堀贤雄走过的地方，感慨颇深。下面略述几笔。

首先，堀贤雄一行人煞费苦心找到的“Khanuy”（斯坦因的报告中有卒塔婆[①]的场所）就是罕诺依。堀贤雄的日记没有详述，说斯坦因有所记载。那里是佛教和伊斯兰教势力交替时期的重要遗迹。据说 960 年萨图克·布格拉汗在喀喇汗国的首都从佛教改信伊斯兰教。喀喇汗国和将其消灭的黑契丹（西辽）的历史有很多未搞清楚的地方。因为考察佛教落入伊斯兰教徒手中而受压制的情况也是探险的目的之一，所以罕诺依古城遗迹也应该是他们要考察的重点。

20 世纪初，关于喀喇汗国的历史更加不详，堀贤雄在日记里说斯坦因有所记录也着实出于无奈。其实，站在这片废墟上，基本上看不见什么遗迹，只留下一处断壁残垣，甚至很难叫舍利塔遗迹了。仔细看的话，还有几处能看出昔日辉煌的地方，如今用荒凉一词来形容再恰当不过。这里距离喀什只有一二十公里远（10 世纪的喀什就在这里），但路况太差，驱车前往也要花很长时间。

《西域旅行日记》中最有趣的是与德国探险队的阿尔伯特·格伦威德尔一

① 即佛塔。

行人相遇的部分。堀贤雄等人测量和挖掘克孜尔石窟在先，一年后勒柯克年才加入德国探险队。但一提到克孜尔石窟，谁都会想到格伦威德尔和勒柯克。事实上，堀贤雄等人比他们早一步，而且也走过这里，且不知什么原因，堀贤雄在这里测绘的地图后来竟然丢失了。

德国探险队得到了德国政府的全面支持，斯坦因得到了印度政府的帮助。俄罗斯的普尔热瓦尔斯基、罗伯罗夫斯基和科兹洛夫等人在地理学协会和参谋总部的帮助下从事探险工作。就连瑞典这个小国的国民斯文·赫定也得到了德国航空公司——汉莎航空的援助（因此赫定被认为是亲德、亲纳粹派，晚年很不幸）。探险家们也许受冒险精神所驱使，致力于纯粹的学术研究，但他们背后却有国家权力的影子。

与之相比，大谷探险队依靠的是大谷光瑞的个人积蓄，主要目的是调查佛迹，搜集经论、佛像和佛具等。比如，勒柯克揭下壁画或拿走佛像，把这些东西视为“古代美术”，但大谷光瑞的原则是把它们看作信仰对象。

唉！究竟过了多久，这座千佛洞变成了如此寂寥的地方？流水侵蚀可能是这里不再适合人类居住的一个原因。

像这样礼佛之人的感慨是其他国家探险队的队员所没有的。这可以说是大谷探险队的最大特色。

据堀贤雄记载，他们在克孜尔石窟、喀尔噶和明屋依收获甚微，甚至觉得没必要特地来此参观。不过，最近有研究人员认为那里有三国后期或者东汉末期的遗迹。渡边哲信清点出 44 窟，其实有 46 窟，其中 8 窟处于坍塌状态，11 窟中有壁画。

《大唐西域记》中的照怙厘伽蓝就是现在的苏巴什佛寺遗址，堀贤雄等人于 1903 年 7 月 5 日来到这里。与玄奘的记录“隔一河水，有二伽蓝”吻合的只有苏巴什佛寺。在堀贤雄一行人访问的 76 年之后，我站在了同一个地方。

我在大伽蓝遗址北面的佛堂里发现了壁画，拍摄完后 6 点左右回住处。

有一次我去考察的时候，当地人告诉我说那里有壁画，不睁大眼睛仔细看，确实看不到上面还有画。76 年间，壁画的损毁越发严重。当时正在维修，为了保存而修建了围栏，所以才知道有壁画。

堀贤雄惋惜道："哎！为什么斯坦因、格伦威德尔在和田和吐鲁番地区能够交上好运，而我们却没有呢？"

但是，正如前文所述，大谷探险队有比格伦威德尔和斯坦因更为优秀的方面，因此不必叹气。《西域旅行日记》以到达乌鲁木齐结尾，但是堀贤雄等人的旅程还在继续。他们经哈密到了西安、甘肃等地。当然，那里已经不再是"西域之旅"了。1904 年 2 月 29 日，他们到达西安府。日本向俄罗斯宣战是在 10 天前的 2 月 10 日。第一次大谷探险队从因义和团事件签订《辛丑条约》的第二年开始到日俄战争爆发之际结束。我们阅读这部日记时，头脑里应该有这样的历史背景。

日记中出现了一位叫鲍德上尉的人物。据说他打算从喀什出发，骑马前往新疆、甘肃和四川。他在街道上"一如既往"耀武扬威地旅行，有时还给北京的外交部发电报，投诉道台（地方官）态度不好，还向地方政府索要饲料，走到哪里都遭人嫌弃。之所以会出现这样的人，是因为《辛丑条约》里有这样一项条款（第十条）：

> 各省抚督文武大吏暨有司各官，于所属境内均有保平安之责，如复滋伤害诸国人民之事，或再有违约之行，必须立时弹压惩办，否则该管之员，即行革职，永不叙用，亦不得开脱别给奖叙。

地方官员们一不留神就会被贴上排外的标签，就难逃死刑，所以他们都担惊受怕，毕竟 1901 年《辛丑条约》刚刚签订不久。

在这次旅行中，堀贤雄一行既是外国人，又是条约当事国的日本人。沿途的官员们对他们抱以怎样的态度，日记的叙述者一定是无法想象的。

此外，西本愿寺第 21 世法主大谷光尊于 1903 年 1 月 18 日坐化。当时长子大谷光瑞身在印度，不必说，他火速踏上了回国之路。《西域旅行日记》记述，堀贤雄接到大谷光瑞从上海发来的电报，十分惊讶大谷光瑞为什么这么快就到达了上海。大谷光瑞似乎暂时向探险队队员隐瞒了父亲的死讯。

回国后，大谷光瑞继承了法主职位。第一次探险开始时大谷光瑞还不是法主，但他在回国途中当上了法主，自此任职 11 年。大谷光瑞把法主的位置让给弟弟时，第三次探险结束。他担任法主的时间与西域探险的时间相同。大谷光瑞和西域探险几乎可以相提并论。

中日两国的任务

最近，我们经常可以看到人们把亚洲的定位作为研讨会的讨论题目，我今天要说的内容也与此有关。1990年北京举办了亚洲运动会，我想对亚洲运动会的历史做一点回顾。1913年在马尼拉召开了通称为“远东奥林匹克”的运动会，日本称为“远东锦标竞技大会”，中国称为“远东运动会”。远东运动会共举办了10届，持续到1934年，举办地分别为马尼拉、上海、东京和大阪。

为什么远东运动会举办到第十届就停办了呢？原因是日本想让“满洲国”参加。对此，中国当然表示反对。“满洲国”在国际上除日本以外，没有任何国家承认。这次纠纷发生之后，接着就爆发了战争，远东运动会也就此停办。世界奥林匹克运动会也在1936年的柏林奥运会结束后中断了12年。

第二次世界大战之后的1948年，奥林匹克运动会在伦敦再次召开，日本由于处在美军的占领之下而未能参加。日本是从下一届赫尔辛基奥运会开始参会的。

另外，第二次世界大战前亚洲除了远东运动会之外，还有西亚运动会。在1948年的伦敦奥运会期间，远东和西亚这两个区域的运动会合并在一起，成立了全亚洲的竞技比赛组织，这就是亚洲运动会的诞生。为亚运会的诞生而积极奔走的是印度和菲律宾。

人们常说日本是在1952年赫尔辛基奥运会上回归奥林匹克大家庭的。其实，日本在赫尔辛基奥运会召开的前一年（1951年）就参加了在印度举行的第一届亚运会。因为亚运会是国际奥林匹克委员会（IOC）公认的区域竞技大会，所以可以说日本回归国际体育界是从印度亚运会开始的。亚洲各国的友谊使日本回归国际体育界的愿望得以实现，这是值得永远铭记的事情。

而且，值得一提的是，亚运会的发起人是印度和菲律宾。我们必须说这件事具有非常重要的象征意义，是印度和菲律宾把东亚和西亚连在了一起。在我们不少东亚人看来，亚洲主要是中国、日本、朝鲜半岛和蒙古等地区。一部分具有超前意识的人才把菲律宾和东南亚勉强算进亚洲的范围内。直到最近我们有些人才意识到，亚洲的范围其实非常大，西亚也被纳入了视野。我认为这种意识的形成是由于印度和东南亚的帮助，正如我们在体育上得到过它们的帮助一样。

换句话说，在我们的意识中“亚洲圈”扩大了。而且，今后的形势是“亚洲圈”会越来越大。以体育为例，1994年亚运会将在广岛举行。听说以前没有参加过亚运会的许多国家都表示要来参加。不用说，那些国家主要是苏联的乌拉尔以东地区的各加盟共和国。

乌拉尔以东或者被称为中亚的这一区域，虽然在亚洲范围内，但在我们不少人的眼里这一区域却好像不属于亚洲。而居住在这一区域里的民众，他们的亚洲意识也很淡薄。在他们看来，那是因为以前这一地区处在苏联的统治之下，而苏联传统上属于欧洲。

由于苏联解体，这些国家曾经淡薄的亚洲意识也理所当然地增强了。他们表示参加亚运会就是这种意识的体现。

乌拉尔以东的各国，拥有丰富的资源和广袤的土地，但由于苏联的解体，它们需要向东方寻求支持。从东亚来看，乌拉尔以东地区加入亚洲意味着“亚洲圈”扩大了，意味着中日两国所肩负的责任增大了。因为中国与乌拉尔以东地区的许多国家接壤，与它们拥有很长的国境线，而日本与中国相邻，同时又是亚洲的一大经济基地。

对于这个重任，中日两国必须肩负起来。维护中日友好和保持相互信任，已经不单是中日两国的利益所必需，而是亚洲以至全球的利益所必需了。因此，中日两国人员在探讨问题时，不仅要着眼于两国，更要放眼新亚洲圈，放眼全球。因此，这次研讨会的议题特别强调“亚洲圈”这一概念也就理所当然了。

最近，人们经常谈论全球化这一话题。全球化就是以全球视野来思考问题，以全球规模来采取行动。以前人们的思想是民族主义、国家本位主义，现在我们需要的是更加开阔的思维方式，甚至有人预言无边界、无国界的时代即将到来。也有观点认为，欧盟的形成和扩大就是全球化的一个过程，国际上的各种机构动作频繁也都与全球化有关。

然而，与这种全球化的趋向相反，碎片化的趋向也不容忽视。南联盟的情况就是如此，听说捷克斯洛伐克也面临着分成捷克和斯洛伐克这两个部分的命运。全球化和碎片化这两种相反的趋向，目前在当今世界上同时存在着。

我要讲一个遥远的古代故事。公元前651年，在今河南省葵丘这个地方，举行了一次会盟。葵丘会盟是以齐桓公为盟主，宋、郑、卫、鲁等诸侯参加的一次重要会议，它是几个中原国家为组建一个松散联盟而采取的具体行动。诸侯都是各自领国的首领，他们聚在一起大概也算是一种全球化趋向。会盟与现在的欧盟会议和首脑峰会基本上没有什么区别。

因为有需要解决的问题，所以首脑们聚在了一起。换句话说，是共通的问题推动了全球化。公元前651年所面临的问题是南方的楚国正在变为军事上的超级大国，威胁着中原各国的安全。

所谓中原是指中国中部的一个比较模糊的名称。这个范围也是逐步变大的。秦始皇统一天下时，丞相李斯说，往昔圣天子时代也不过统治方圆千里。

当时的里，大约是 400 米，所以尧舜所统治的地方大约是 16 万平方公里，相当于两个北海道大小，面积不到现在日本的一半，相当于现在日本的四成。当时那个中原还在扩大，它被各诸侯国分别统治着。

这次诸侯们开会所制定的盟约包括很多项目。其中，第一条是“诛不孝，无易树子，无以妾为妻”。

“诛不孝”是道德宣言，但不要改变继承人以及不要立妾为妻等却是家事。这似乎给人以多管闲事的感觉。但是，如果妻妾问题和继承人问题处理不好，就会导致家乱。所以，在那个时代，一国之乱已经不仅仅限于本国，也会波及别国。

比如，在某个诸侯国的内部发生了派系斗争，如果其中一方为了战胜对方而想得到邻国的帮助，那么邻国就会受到牵连。再比如，在内乱中失败的一方可能会逃到邻国，倘若那种情况真的出现，邻国就会面临接受逃亡者和难民的问题。因此，葵丘会盟才加进了这种伦理上的限制。

另外，盟约上还有一个条款是“无有封而不告”。意思是说，如果诸侯任命手下大臣为某地领主或担任某个职务，要将此事告知周天子，同时也要让中原各国知道。这是对人事公开、信息公开的约定。

孔子出生在葵丘会盟的百年之后，他主张“有朋自远方来，不亦乐乎”，重视与远方朋友之间的交往。孔子的这种思想也可以说是全球主义发展过程中的一个环节。然而，同时代也出现了一个老子，他主张：“邻国相望，鸡犬之声相闻，民至老死不相往来。”老子的理想是小国寡民，可以说这种思想是碎片化趋向。和现代社会一样，在中国古代全球化趋向与碎片化趋向也是交织在一起的。

古代与现代的区别是，如果现代社会采取碎片化措施，人们将无法生活。在古代社会采取碎片化措施，因为人们周围都是相互了解的亲近之人，所以彼此之间可能不会出现纷争，武陵桃花源式的生活也有可能实现。但是，处在复杂的现代生活条件下，那种生活不过是痴人说梦。不管我们喜欢与否，一个没有边界的时代都将在我们的未来出现。

当然，我们并不是置碎片化趋向而不顾。游牧社会曾经产生过一位气吞山河的统治者——成吉思汗。那种社会原本是被碎片化了的集团，居住在几个帐篷里的人组成“落”，几个“落”集合在一起成为“部”。“部落”这个词就是从这里产生的，“部”与更高一级的组织相联系。成吉思汗建成了没有明确边界的帝国，其根本原因在于处于末端的“落”很稳固。

21 世纪的“落”，我认为就是城市。听说在古代中国，农夫耕完田后就回到城里，这可能主要是防止外敌和猛兽入侵。由于交通工具的发达，21 世纪的农民也会成为城市生活者。城市里住着各种各样的人，他们要想和平地生活下去就必须互相认识，互相了解对方的脾气秉性。

相互理解是人们常说的一句话，但要做到这一点，实际上是需要付出努力的。

孔子生活的那个时期，吴国和越国在南方兴起，这也是中国圈的扩大。但吴越对中原的理解是肤浅的。吴王夫差曾北上威胁中原。当时，孔子的弟子子贡作为鲁国的外交官与吴国代表进行了会谈。

公元前 488 年，吴国的宰相向鲁国索要“百牢”。“一牢”是指牛羊猪各一头。“百牢”就是一牢的百倍。子贡对吴国解释说，在中原招待天子时，也就十二牢，公九牢，伯六牢。这是惯例。吴王回答说：“我文身，不足责礼。”这句话的意思是说，我是文身的南方部族，不知中原之礼，所以不值得用礼制来要求。于是，吴国停止了百牢的索要。

这就是相互理解。吴王了解了一些中原之礼，中原也明白了南方吴国的情况。也就是说，双方都做出了向对方解释的努力。

对于 21 世纪的相互理解，我是乐观的。不管怎么说，那时是信息社会，图像所起的作用会越来越大。俗话说“百闻不如一见”，我们拥有的非常先进的工具能达到相互理解的目的。

不仅要理解对方，而且要站在对方的立场上看问题。这恐怕是一个超越图像和文字的哲学问题，或许最终与宗教有一点关联。

在中日关系正常化的20年里，首先值得肯定的是我们取得了很多丰硕成果，可以说能够召开像今天这样的研讨会就是其中的一个例证。

关于世界局势的变化，我是用“亚洲变大了”这样的语句进行了概括。我感觉应对“亚洲变大了”的重任将会落到中日两国的肩上。

从整个亚洲来看，东和西相距很远，将两者联系在一起的中间方可能是东南亚和印度。比如，对于伊斯兰，日本几乎是一无所知，而在这一点上，东南亚和印度恰恰能提供宝贵的信息。

我们不必匆忙地追求亚洲的同一性。因为每个国家都有各自悠久的历史和传统文化，所以首先了解这些东西才是重要的。我们在了解历史或传统时，不仅要全面，还必须深入。21世纪没有哲学是不行的。

中日两国不仅要考虑两国的问题，还要把世界至少是亚洲的问题纳入视野中去。我认为今后两国的合作事业将会增加，所以维护两国友好关系和保持相互信任是非常重要的。这不是一个临时选项，而是一个责无旁贷的、上天交给我们的任务。

下　编

医食同源

人们常说“医食同源”，因为“食”是维系人的生命的，所以基本上与“医”是同样重要的。神话传说中远古神农氏尝遍百草，才产生了医药。我猜想他在尝百草时，未必是把能否治病作为标准，可能还是先考虑是否好吃。

中国人围着饭桌吃饭时，经常把“这对什么有效”之类的话题挂在嘴边，比如，将干鲍鱼切成薄片做成汤对眼睛有好处等。我在香港的中药店，还真的亲眼看到过这种情景，有人把日本五岛列岛出产的干鲍鱼当成药材，在秤上称完重后，以很高的价钱卖了出去。我还经常听人说，干贝对治疗高血压有效，百合根对治疗神经衰弱管用等。中医认为缺什么就补什么。例如，人的心脏不好就吃牛或猪等动物的心脏，肝脏不好就吃动物的肝脏等，给人的感觉是这种方法直截了当。

《三国志》中的英雄们都吃什么呢？详细情况我们不得而知。在《三国志》中有个“置酒高会”的说法，虽然我们知道当时频繁地举行酒宴，但对酒宴的具体情况并没有记录。在那个年代，地上铺着毯子之类的东西，人坐在上面，所需食物好像就放在人的近前。这种情形好像有点煞风景。“食床”“餐床”相当于日本人所说的“御膳”（饭桌），这些词汇是在唐朝末期出现的。

座椅和餐桌的普及是在宋代以后。所以，如果按我们的常识来想象当时三国时期的一些情景，那么恐怕与实际情况有很大差距。

在现在的中国，吃猪肉比吃牛肉更普遍，但我感觉在三国时期，牛肉应该吃得更多。

曹操是个现实主义者，流传着这样一个关于他的趣事。荆州之主刘表有一头重千斤的公牛，它吃的草料和豆子数量是普通牛的十倍。但是，由于块头过大，动作迟钝，它搬运东西不及一头普通的牛。刘表一直以拥有这头牛为自豪。曹操进攻荆州时，俘获了这头牛，马上让人把牛杀掉，用以招待士兵。这头牛虽然块头大，但不能干活，把它杀掉吃了是最好的处置办法。这个故事使我们强烈地感受到曹操的现实主义。三国时代过去不久，到了东晋，听说被人们誉为书圣的王羲之，年轻时并不特别引人注目。有一次他在宴会上坐了末席，宴会的主人亲自为他切了一块牛心炙，从而引起了众人关注。因为当时牛心炙被认为是只有主人才有资格享用的食物。而坐在末席的年轻人却毫不畏惧地把它吃了。这小子肯定不是一个等闲之辈。从此以后，人们看王羲之的眼神就与过去不同了。这是《世说新语》记载的故事。

从曹操、王羲之的逸事中，我们可以看出牛肉是酒宴上的佳品。到了宋代,《水浒传》中常有英雄豪杰们吃饭用餐的场面。这时，牛肉就频繁出现了。打虎英雄武松也是一进酒店，就先要酒，然后说:“切二三斤熟牛肉来。”

牛肉跟猪肉相比，似乎前者更与英雄豪杰的气质相匹配。据说，牛的筋腱有健脾养胃的功效，筋腱熬煮后，汤是胶质的，然后将其凝固，这样制成的东西叫“霞天胶”。这种“霞天胶”作为药品从明代起就非常有名。还听说牛肚促进消化，牛肝利于治疗贫血等。

在古代中国，猪肉是仅次于牛肉的食品。关于猪肉，我先介绍一个记载在《世说新语》中的有趣故事。司马炎是侍奉过曹操的司马懿之孙，又是篡夺曹魏政权后建立晋朝的晋武帝。据说有一天，他到大臣王济家去，正赶上那里举行盛大的宴会。当时，桌上摆着珍贵的玻璃食器，有百余名侍女左右伺候。当然每道菜做得都非常好吃，其中，猪肉是极品。武帝问道：“为什么能做出这么好吃的蒸乳猪？”王济答道：“这猪是用人奶喂大的。”就连当皇帝的武帝听后也感到心里不舒服，宴会还没结束他便离席而去。猪肉类的菜肴不是什么珍品，但以这种方法做出来的蒸乳猪，还是该称为珍品吧。

下面，再回到医食同源这一话题。东汉时期的最大名医叫华佗。他不仅在那个时代，而且在历代都是中国名医的代表。他在中国的名声非常大，以至于所有著名的处方都被认为是华佗发明的。在《三国演义》中，华佗为负伤的关羽做手术救了关羽一命。但当华佗想通过手术来治疗曹操的头痛病时，曹操却认为华佗想趁机杀害他，便将华佗关押致死。

关于华佗给关羽做手术一事，人们没有找到任何根据，但他被曹操投入监狱致死一事却是事实。华佗是沛国谯县人，是曹操的同乡。他是一个自尊心很强的自由职业者，不愿意做官。因为他是天下名医，所以曹操把他召来，留在身边。但他执意回家，说是妻子有病，并且一去不归。当曹操根据当地官员的报告，得知华佗妻子有病是假时，勃然大怒，根本不听荀彧（《三国演义》中是贾诩）的劝阻，就把华佗逮捕判了刑。据说华佗虽年近百岁，却貌如壮年。

华佗调制的药材虽然仅几种，但听说具有神奇的功效。据说日本人过正月（新年）时必喝的屠苏酒就是使用华佗的配方做成的。这种说法虽然没有确切的根据，但人们还是认定那是华佗调制的配方。

中国古代的不少风俗目前已经消失，但有些风俗传到日本后却仍然保留至今。正月喝屠苏酒的习俗就是其中之一。屠苏酒是将肉桂、花椒、白术、桔梗等十几种药材按比例调和在一起而制成的药酒。据说喝屠苏酒，是从日本嵯峨天皇[①]的弘仁二年（811）在宫中开始的。因为这是空海[②]回到日本不久后出现的事，所以大概是空海传过来的。当然这是为了人们的健康而形成的风俗。在中国，喝屠苏酒的风俗几乎看不到了，但是，以相同的药材为原料而熬制的鸡肉汤或猪肉汤，却被当作健康食品传播开来。也就是说，医食同源的传统还是被人们绵延不断地继承了下来。

① 嵯峨天皇（786—842），日本第52代天皇，809—823年在位。他喜爱汉学，在诗赋、书法、音律方面都有相当的造诣。他的书法还有“天下三笔”的美称。嵯峨天皇在国内大力推行“唐化”，从礼仪、服饰、殿堂建筑一直到生活方式都模仿得惟妙惟肖。

② 空海（774—835），俗名佐伯真鱼，灌顶名号遍照金刚，谥号弘法大师，日本佛教僧侣，日本佛教真言宗创始人。于804年到达中国，并在长安学习密教。806年回国，创立佛教真言宗（又称“东密”）。著有《文镜秘府论》《篆隶万象名义》等书，保存了不少中国文学和语言学资料。

禁火节

彼岸节是日本独有的节日，春季和秋季一年两次，要扫墓并举办其他佛事。佛教诞生地印度没有这样的习惯。彼岸节把春分和秋分作为中日，再加上前后两天，共三天。春分和秋分都是中国土生土长的二十四节气，但在中国也没有那样的习惯。

在中国，扫墓则安排在二十四节气之一的清明。在日本，只有冲绳不在彼岸节时扫墓，而是和中国一样在清明，另外鹿儿岛的一部分地区，也有清明扫墓的风俗习惯，但地域范围极小。

二十四节气平均分布在一年之中，一月有两节，从节气的名称中我们也能很强烈地感受到季节的差异。

立春、雨水、惊蛰、春分、清明、谷雨

立夏、小满、芒种、夏至、小暑、大暑

立秋、处暑、白露、秋分、寒露、霜降

立冬、小雪、大雪、冬至、小寒、大寒

像这样将节气分成四行排列下来，就一目了然了。春夏秋冬的开始都使用“立”字，从左往右按顺序数到第四个，春秋是“分”，冬夏是“至”，二十四节气的名字中带有四季的，就只有这八个。古代只有“二分二至”的说法，无疑指的是春分、秋分、夏至、冬至。但仅仅这样的话就显得过于简单粗略，所以又加上了四个“立”，由此便诞生了八节。随着人类的生活日益复杂化，只有八节也不够方便了。八节之间也需要更精细地指导农事，于是又各插入二节，二十四节气便产生了。立春开始第三节叫作“启蛰”，《汉书·律历志》将其写为“惊蛰”。

最基本的是“二至二分”，二至是“寒暑之极点”，二分则是“阴阳之和”。夏至时白昼最长，冬至时白昼最短。春分、秋分则是昼夜对分，因此被认为是“和”。

夹在中间的“四立”则是“生长收藏之始”。立春、立夏时万物生长，立秋和立冬则代表要开始收藏了。

人们都习惯于将农历称作阴历，但更准确地说，我们应当将其称作阴阳历。太阴历是单纯地依据月球的运行进行日期计算，一年会少 11 天。回教日历就是纯阴历，每过三十多年就会和阳历差一年。而我们所说的农历，则会设置闰月来调整与太阳运行之间的偏差。尽管如此，每过三年还是会出现一个月左右的偏差，所以光看日历还会出现与季节不相符的情况。播种、收获等农事又都和季节息息相关，所以人们发明了以太阳运行为基础的二十四节气。从公历上看，二十四节气每年差不多都在同一天，即使有差异，最多也差不过一天。

春分在 3 月 21 日或 22 日，下一个节气清明就是 15 天之后，具体日期在 4 月 5 日或 6 日。也就是说，中日两国扫墓祭祖的日子有 15 天左右的间隔。清明，如它的字面意思一样，正是处在一个清澈明亮的季节之中。已经过完春天正中的春分，下一个季节的气息开始在空气中飘荡，正是长出嫩叶的季节，人们也走向户外。在这洋溢着新鲜活力的时节里，有代表性的娱乐活动是踢足球和打秋千。

古代，有清明前两天禁火的风俗，这是晋（今山西）的地方性习惯。南北朝时期这一风俗开始向南方扩展，到了唐朝时，几乎发展成为全国性的风俗习惯，都开始遵循禁火。关于这一习惯的由来，有各种各样的说法。有说法认为，山西地区到了清明就会刮大风，为了防火才在一定时期内禁止用火。另外清明时期的“改火”仪式也来源于此。古时候，人们会根据季节不同，不断改换用于烧柴的树木的种类。《论语》“阳货篇”里这样写道：

钻燧改火。

这里“钻燧”就是钻木取火的意思，依据古代注释的说法，春用榆柳，夏用枣杏，末夏用桑柘，秋用柞栎，冬用槐檀。唐朝时有一种风俗就是，每到清明，就会在宫中燃起新火，并将新火赐给群臣。唐朝诗人张说写过一首清明诗，诗中写道：

承恩如改火，春去春来归。

所谓“承恩”，多用于形容受到天子恩赐，在这里也就是指火。燃起新火，大概是为了招来春天的阳气。古注称，一年要进行五次改火仪式，但只有清明这一次才会将新火赐给群臣。同时，也只有清明这一次，才会在改火前禁止用火，其他的改火期则完全没有这种说法。因为不可以用火，所以大家都只能事先做好饭，留在当天食用。对于不管吃什么都要先加热的中国人来说，食用冷饭冷炙大概很难受，所以到明、清时期，这一风俗也就取消了。只有“寒食”这个词留了下来，几乎成了“清明”的同义词。

有关于火烧介子（也写作“之”）推的传说，介子推是春秋人氏，他曾追随晋文公（亡于前 628 年）亡命长达 19 年。但在文公即位以后，介子推隐居山中，拒绝为官。文公为了将他逼出，便放火烧山，但介子推誓死不从，最终竟被活活地烧死在山中。文公为了悼念介子推，便下令当天禁火。

这样看来，防火日这种说法最有说服力，四月上旬的时节，也非常适合整理心情，重新出发。走出家门，也已然感受不到寒意，所以，大家想到的第一件事就是可以去扫墓了。墓地大多在郊外，需要花上一天的时间外出，带上做好的盒饭。寒食——吃冷饭的来历，原型说不定是来自扫墓的盒饭。

出门扫墓的人只能吃冷食，留在家中的人们也不大好意思吃热腾腾的饭菜。而盒饭要带出门，所以一定要便于取食，有时候也不用筷子吃，直接用手抓取食用。如今我们很熟悉的春卷的形状，一开始有可能就是作为扫墓盒饭诞生的。福建和台湾地区，将生春卷称为“润饼”或“切饼”，确实也是清明时令的食物。

《燕京杂记》中写道，清明时街上会卖“盒子菜”，人们将其用作扫墓时的供品。所谓“盒子菜”，也就是装进盒子中的饭菜，比较便于携带。当然供奉过祖先后，大家也会将盒子菜撤下吃掉。

清明时，妇女儿童要头上插柳。清明正好是柳树发芽的时候，人们大概也是想借助这强大的生命力来祛厄消灾。

> 清明不戴柳，死后变黄狗。

墓地是灵魂聚集之地，冤魂也在其中。要去那里的话，就必须借助柳树的灵力。还有另外的歌谣唱道：

> 清明不戴柳，死在黄巢手。

黄巢是唐末一次大规模起义（875—884）的领导人，他们约定以清明为期发动起义，造反者头戴柳条，以区分敌我。但这故事未免显得太过巧妙了。

王维的七言律诗，《寒食城东即事》中，有这样一句话：

蹴鞠屡过飞鸟上，秋千竞出垂杨里。

蹴鞠，可以理解为现在的足球，被踢入高空，甚至超越鸟儿。秋千摇晃着，穿过杨柳枝。这句诗中也记有清明佩柳。契丹辽王朝称霸华北时，正是清明荡秋千的全盛期。秋千由五彩的绳索做成，人们身着盛装踩在秋千上，荡秋千被称为“半仙之戏”。仙人可在空中自在飞行，那么荡秋千差不多就能成半个神仙。而到明朝时，北京城里就已经看不到荡秋千了。

韦应物写过一首名叫《寒食后北楼作》的五言绝句：

园林过新节，风花乱高阁。
遥闻击鼓声，蹴鞠军中乐。

远处可能有一处兵营吧。诗人听见的鼓声，可能是蹴鞠比赛时用来加油助威的。诗名中提到“寒食后”，印证了蹴鞠是清明时的游戏。

在缺乏娱乐的时代，扫墓也是一种散心。中国通常称为“扫墓”，也就是整理打扫先人的长居之所，借此追忆故去之人。追悼周恩来的群众聚集在天安门，也是在清明当天发生的。由此我们也可以说，追思故人是为了进入新时代的一道通行仪式。禁火数日之后，人们进行一道仪式，跑出户外，门外等着他们的是秋千与蹴鞠，是芬芳桃李，黄莺鸣啭，是绿柳，还有欢歌飞舞。

杜甫在五言律诗《一百五日夜对月》中写道：

无家对寒食，有泪如金波。

日本的“八十八夜”，是指从立春开始数的第 88 天，而寒食是从冬至开始计算，冬至到清明是107天，清明前两天就是禁火日，也就是寒食，相当于第105天和第106天。《荆楚岁时记》中记载：

去冬节一百五日，即有疾风甚雨，谓之寒食，禁火三日。

温庭筠在《寒食节日寄楚望》中写过：

家乏两千万，时当一百五。

但元稹的《连宫词》中则写道：

初过寒食一百六，店舍无烟宫树绿。

有的注释中写道，如果从冬至的第二天开始数，数到寒食就是105日，如果带上冬至的话，就是106日。但寒食要持续两天，特别是元稹的句子里写的是“过”寒食，我们将其理解为清明前一天应该也没有问题。

没有火是寂寞的，但看不见的火苗在我们心中熊熊燃烧。正如沈佺期所说：

普天皆灭焰，匝地尽藏烟。
不知何处火，来就客心然。

待 春

将家庭日常吃的菜称为“惣菜”（家常菜），这是日本独特的用语，在汉字文化圈中，中国没有“惣菜”的说法。

在字典上一查，原来“惣”字的含义与“総（总）”相同。一般认为“惣”是由“揔”字的错写而形成的通用汉字。也就是说，原本没有“惣”字，但这个字的结构是“物”字下面带个“心”字。总体来看，温文尔雅，颇具美感。说到“惣菜”，它给人一种精心制作的印象，至少我是这样感觉的。因为它本来就有“总”“总括”的含义，所以用在食物上也就不是偶然了。

延历寺[①]第三世座主[②]慈觉大师圆仁[③]渡海入唐十年，求法巡礼，留下了一部那个时期的旅记。入唐的第一年，他在扬州度过了冬至。冬至是二十四

① 位于日本滋贺县大津市坂本本町的一座寺院，又称比叡寺、比江寺、比叡山寺、山门、叡山等，山号比叡山。延历四年（785）七月，传教大师最澄在比叡山结草庵，修道业。七年，创根本中堂，安置自作的药师佛像，名比叡山寺，后改号一乘止观院，即本寺的滥觞。不少名僧出身该寺，有“日本佛教之母山”的美称，也常在文学作品中出现。

② 座主，佛教语，谓大众一座之主，犹言上座、首座。

③ 圆仁（793—864），日本天台宗僧人，延历寺第三世座主，俗姓壬生氏，下野国（今日本栃木县）人。15 岁入比叡山师事最澄。10 余年间笃修苦行。838 年入唐求法，值唐武宗灭佛，携佛教典籍 559 卷归国。于比叡山弘密教及天台教法，倡净土法门。卒后，追谥为慈觉大师。撰述《入唐求法巡礼记》具有重要史料价值，另著有《金刚顶经疏》《苏悉地经略疏》《显扬大戒论》等。

节气之一，按阳历日期基本可以确定是在 12 月 22 日。如按阴历，日期不好确定，但那年的冬至是阴历十一月二十七日。

那一天不论僧俗，人们都要设宴庆祝，吃许多好吃的东西。圆仁的记述是“百味、惣集”。

顺便说一句，圆仁的游记全是用汉语写的。他住在扬州的开元寺[①]，当然那里也摆放了许多好吃的食物。连续三天，他都记载道：“有种惣集（有多种惣集）。”这里的“惣集”二字好像是指好吃的食物。

因为日记上说的是“百味”，所以应该有多种好吃的食物。但遗憾的是他在日记中没有留下菜谱。

在中国，以前冬至是与春节同等重要的节日，有时甚至比春节还受重视。冬至是一年当中白天最短的日子，从此之后，白天逐渐变长。对于生活在太阳底下的人们来说，白天变长是件令人高兴的事，是神仙馈赠的礼物。这种想法好像古已有之，有一种说法就认为圣诞节赠送礼物的习惯也有一半来自冬至。

白天最长的日子是夏至，但从此之后白天变短，所以说夏至不值得庆贺。值得高兴的还是冬至，人们相遇都相互道一声“恭喜”。

圆仁就得到过扬州人“冬至，和尚万福”的祝福。人们在喜庆的日子里，当然想吃美食。

其实，大约在 30 年前，有一家报社约我写一篇有关冬至的随笔。我在文中写道：“在中国，人们在冬至吃汤圆。”我家现在每年冬至的时候都煮汤圆吃。我一直以为在中国无论哪里都是如此。没想到我的一位中国朋友读了这篇文章后对我说：“我们那里就不吃汤圆。”听了这话，我当时感到特别狼狈。原来吃汤圆仅限于台湾、福建等一部分地区，在北方是吃饺子。从此以后，我在写“在中国……”时，就变得特别小心谨慎了。

---

① 坐落于扬州江都大桥镇，因建于唐玄宗开元年间故得名。寺名由大书法家李邕题写。寺由山门、大雄宝殿、观音阁、南楼等组成，高大宏伟，凝重端庄。

冬至吃的食物是汤圆或是饺子。这与春节吃年糕、端午节吃粽子一样，都是一种象征。除此之外，当然还会做其他好吃的食物来庆祝冬至。

我查阅了唐代朝廷的休假情况，了解到元旦是前后各休三天，加上元旦那一天共有七天的假期。冬至也与元旦完全一样，前后三天加上冬至那天共七天。其他节日，除清明节外，假期或是一天或是两天，最多三天。即使从假期的长度来看，元旦和冬至也不相上下。

元旦的前夜叫除夜，冬至的前夜也叫除夜。这在诸桥的《大汉和辞典》① 中也有记载。圆仁在冬至前一天的日记上写道：

> 夜，人咸不睡，与本国（日本）正月庚申之夜同也。

道教的俗信认为，在人的身体中栖息着类似精灵一样的东西。它在冬至前夜趁人睡觉的时候从他身上飞走，到天神那里报告这个人的善恶。因为它藏身在人的体内，甚至可以窥测到人的内心，所以对人的一切必是无所不知。一个人即便没做过坏事，但有时也会突然产生邪念。那个精灵连人的邪念都知道，所以绝不能让它向天神泄露。幸亏那个像精灵一样的东西是在人睡觉时飞出去的，如果人一直醒着，它就不能出去。并且，它出去只限于冬至的前夜。所以，人如果一晚上不睡觉，就可以把这个告密者封闭在体内了。

但是，人如果一味地傻坐着，战胜困魔也是困难的，所以人必须干点什么。如果人有自己喜欢的游戏就好了。当然，最好嘴里还吃着点东西。汤圆和饺子就是一边做着游戏一边可以吃的方便食品。

听说在北京有“冬至馄饨，夏至面”的说法。“馄饨”就是“云吞

---

① 《大汉和辞典》是日本人诸桥辙次在大修馆书店经理铃木一平的大力支持下历时35年编纂的特大型汉和词典，收录汉字49964个、汉语词条50万个。《大汉和辞典》按部首分类，同一部首按笔画多少排列，字头除汉字正字外，兼收俗字、简写字以及日本的国字等，词汇包括成语、熟语、格言、俚语、诗文典故和人名、地名、官职名、年号、动植物名以及政治经济等学术用语、现代汉语词语等。

（Wantan）”（馄饨，抄手）。“うどん”（Udon）在日本经常写成“饂飩”，“饂”是日本自造的汉字，是所谓的“国字”。“麺”（面）是线状的食物，“うどん”（Udon）或许相当于“素麺”（挂面，龙须面）。这样在日本就是“冬至‘雲呑’，夏至‘素麺’”了。

据6世纪宗懔所著的《荆楚岁时记》[①] 所载：

冬至日，量日影，作赤豆粥以禳疫。

据解说的书上说，中国有测量日影的风俗。冬至在宫中庭院竖立一个八尺高的杆子，在太阳投射的影子上画一条红线。因为冬至后日影逐渐变短，所以要不断添加红线。

因为冬至是一年循环的开始，所以才画红线。在清代（1616—1912）人们在冬至拿着红笺（红纸）做的贺表互相拜访，这与元旦时的贺年卡是一样的。另外，据说有的地方还有把红布垂挂在门上的习俗。

红色似乎是适合冬至的颜色，人们为图吉利做赤豆粥。赤豆粥大概就是红小豆粥，一般认为它可以祛除瘟疫。

九九消寒图作为冬至的风俗广为人知。说到阳历12月22日，它意味着天气从此进入严寒时期。据圆仁的游记记载，在冬至僧人们以互道“严寒（真冷呀！）”来打招呼。九九是指严寒时期81天的天数。所谓九九消寒图是指在白纸上绘制一枝素梅，枝头上画着81朵梅花花瓣。每过一天，用颜色填充一朵花瓣，颜色用的大概是红色。当把81朵花瓣用红色染完的时候，即阳历3月12日左右，严寒也就结束了。人们每天一边期盼着春天，一边用红颜色填充着花瓣，直到第81天彻底填充完毕，这既是一种风俗也是一种情趣。

九九消寒图也有其他形式。它的图形像棋盘一样，纵横有九栏格子，共

① 记录中国古代楚地（以汉江为中心的地区）岁时节令风物故事的笔记体文集。南北朝梁朝宗懔（约501—565）撰。全书凡37篇，记载了自元旦至除夕的24节令和时俗。有注，传为隋代杜公瞻作。

计 81 格，从冬至日开始，晴天涂格子的上部，阴天涂下部，风天涂左，雨天涂右，雪天涂中。据说这种图形就是消寒图的原型，可能是由于它不够雅观，所以才把那种图形变成了一幅梅花花瓣图吧。总之，冬至是一个期待春天的节日。

阳历中冬至和元旦相隔不到 10 天，但在阴历中，冬至和正月（春节后）却有一个多月的间隔。并且，冬至与元旦（指阴历元旦）之间有“腊”这个节日，因此，阴历十二月叫“腊月”。

日本有“旧臘は……（去岁承蒙……）”这种表达问候的词汇，但是没有举办“腊”的活动。我认为“腊”大概是一种表示感谢的节日。一般认为春天有祭祀土地神的“社”，年末有合祭众神的“腊”。关于“腊”的起源众说纷纭，但我认为，“社”是在播种等农事开始之前举行的活动，所以它是祈祷丰收的节日，而“腊”是收获之后举行的活动，所以，它可能是感谢众神帮助的节日。

孔子的时代，把腊称为“蜡”。有一年，孔子和以耿直闻名的子贡一起参观“蜡”的节日活动。只见人们吃美食喝米酒，兴奋异常，醉态百出。孔子对子贡说：“他们很快乐呀！”子贡答道：“整个国家的人好像疯了一样，他们有什么可高兴的？”孔子告诫道，他们辛苦劳作百日，仅得一天休息，这一点你不懂。子贡是孔子门下唯一的富豪，据说孔子周游列国是子贡资助的。

农民终日辛苦劳作，好不容易才得以放松一天。对于不必劳动的子贡来说，他是理解不了农民此时此刻的快乐的。因此，他才对人们的欣喜若狂表现出不解吧。

从上面的记述可以看出，“腊”的节日活动类似一场大家一起开怀畅饮的宴会，不分地位、身份。在唐代，朝廷曾在腊日赐给臣下“口脂面药”，这在杜甫诗中有所体现。因为唇和脸容易干燥，所以朝廷才对臣下“恩赐护肤霜”。唐代在“腊”日前后，各休一天，所以加上“腊”日，是三天连休。

古代规定从冬至日起数到第三个戊日（也有说法是戌日）为“腊”日。但那样一来，阴历腊日的日期就不固定了，因此不久腊日就被固定在十二月初八了。后来，人们在这一天开始制作含有多种配料的粥，这种粥被称为“腊八粥”。因为腊日是十二月初八，所以在粥的前面加了一个“八”字，但也含有“多种材料”的意思，别名又叫“八宝粥”。据说在清代，朝廷向群臣赏赐腊八粥。每个家庭也各自做腊八粥互赠亲友，腊八粥俨然成为各家风味的大比拼。

腊八粥里的添加材料是菱角、栗子、红豆、枣、杏仁、瓜子（西瓜等的籽）、花生、松子、葡萄干等。里面加了砂糖，所以很甜。据说绝对不能添加的材料是莲子、芸豆、薏米、肉桂之类的东西。

互赠腊八粥时，一定要带上“大白菜”即咸酸白菜。咸酸白菜还必须是自家腌制的，但不能说“至多也就是咸菜”之类的话。所带大白菜的好坏，“可卜其家之盛衰”，这是《燕京岁时记》[①] 上说的。

清道光帝（1821—1850 年在位）有一首题为“腊八粥”的诗，其结尾部分是：

童稚饱腹庆州平，还向街头击腊鼓。

在 19 世纪的腊日里，孩子们在街头上敲鼓，好像非常热闹。

冬至、腊日、元旦，时间间隔较短，享受美食的日子连在一起或许是一种生活的智慧吧。

在一般人都吃粗粮的年代，人们为迎接严寒的季节，必须要提前补充体力。因为大陆干燥，容易感冒，又因寒冷也很少到户外去，易造成运动不足。所以，为了保护自己就得先要吃好，更要进行充分的休息。在冬至、腊日、元旦这些连接在一起的节日里，比如唐代，在不足两个月的期间内，就有总共 17 天的公休日。

---

① 一部记叙清代北京岁时风俗的杂记，共 146 条。作者富察敦崇（生卒年不详），字礼臣，北京人，满族。著有《芸窗琐记》《皇室见闻》等。

屠 苏

最近，粉末酒一度成了话题焦点，还作为题材被画进了漫画中。客人带着粉末酒去饭店，只需要点一杯热水冲一下，就达到了自带酒水一样的效果，让店家很是头疼。看了那个漫画，我的脑海中浮现出葛洪（283—364）所著的《抱朴子》中记录的一个片段：

> 郑君（葛洪的师傅郑隐）要做酒时，将附子和甘草放入酒中，使其烘干成鸡蛋大小的药丸，然后再倒入一斗水，即刻便能制成美酒。

如果这是事实，中国早在3世纪就已经存在固态酒了，只不过附子和甘草的用量以及其烘干方法我们不得而知，而且附子等药材具有毒性，稍有失误可能就会发生危险。

在原文中，附子和甘草在酒里展现了“屠”的形式。大概就是将捣至细碎的药材与酒搅拌混合，然后将其加热，使药材无法保留其原有的形态。

“屠”这个文字一旦跟酒产生关联，就很难不让人联想到“屠苏”一词。

而且“屠苏酒”一词最早似乎就是在葛洪的文献上出现的。

> 屠苏酒，是华佗（3 世纪初的名医）的药方。而又被魏武帝曹操收录，由其推广至世间。元旦进饮，可驱邪避瘴。

自古流传下来的说法中，屠苏是一间草庵的名称，前人居住于草庵并制作了这种药剂。屠苏，原本也是平房的意思。或许并不是什么草庵的名称，只是因为姓名不详的制药者住在平房之中制成的此药，因此才得名屠苏的吧。但是，也有一种说法认为，可能是“苏”这种药材也被捣碎至酒中，因此得名。这里的“苏”可能指的是紫苏叶，中国的南方地区一般称草类为“苏”。

6 世纪，一个名叫宗懔的人撰写的《荆楚岁时记》中曾记载，屠苏酒是元旦时饮用的酒品，在平安时代初期、弘仁二年（811）传入日本。屠苏酒最初仅在宫中饮用，之后广泛流传于民间。

在日本，元旦饮屠苏酒的习俗一直延续至今；而在中国，这种习俗却不知何时渐渐消失了。若能仔细查阅相关文献，想必能够大概了解这个习俗是从什么时候衰落下去的。无论如何，在 19 世纪末的《燕京岁时记》中，虽然记载了元旦吃饺子，却没有提到喝屠苏酒的事情。李家瑞在 1936 年的《北平风俗类征》中写道，正月里有喝椒柏酒的，但这种酒与屠苏酒不同。

不仅仅是屠苏酒，像正仓院的皇室珍藏品、茶道、花道等，这些明明是从中国传至日本的东西，在中国已经几乎不复存在，而在日本却多有保留。明治时期，留日学生偶尔遇到这种情况，会感到特别惊讶。比如，《后汉书》里面出现了“举案齐眉”这个词汇。“案”表示“托盘”。“举案齐眉”是指送饭时妻子把盛有饭菜的托盘举得跟眉毛一样高。通过这一行为来形容妻子对丈夫的敬爱之情。中国的妻子们很久以前就不“举案齐眉”了。在中国，这类词汇仅仅是为了形容事物而产生的。也就是说，它仅仅当作一种修辞方法而已。可是，明治时期来日本的留学生看到旅店接待人员“举案齐眉”地将食物端上来，却吃了一惊，回国之后就告诉自己的朋友说："日本人居然像中国的语言所描述的那样生活着。"

激烈的战争，尤其是无法互相尊重对方的文化而产生的不同民族间的诸多战争是导致中国很多文化消失的原因之一吧。而这些文化在日本得以存留的原因恰好与中国相反。当然这也仅仅是导致这一结果的一部分原因而已，还有很多其他因素需要考虑进去。

明治时期以来，日本长达一个多世纪的近代化成就并不是以去旧革新为基础，而是以保留传统为基础展开的。我认为明治初期爆发的废佛毁释运动也是在上述基础上开展的。这不外乎是一种一边为自己营造着避风港一边前进的方式。一旦出现意外情况，就可以随时躲进避风港中，难道不是正因如此他们前进的步伐才显得尤为果敢吗？

避风港能否派上用场，谁都不得而知，但只要它存在着就好。屠苏也在明治时期以纸袋包装的形式被制成简便的"屠苏散"，虽说乏善可陈，但起码得以保留并流传了下来。

话说麹子

东京有个地方叫麹町，使得“麹”这个生僻的汉字为大家所熟知。因为字难写，日本另造了一个“糀”来代替它，读音也是“kouji”。通常所说的“国字”，即日本制汉字，不是从中国引进的，而是中国没有的汉字。“糀”这个字肯定源自日本，理由虽然不明确，但这其中的原委大概能明白。

“kouji”指谷物上生出的霉菌，可用于酿造酒、豆酱和酱油，有“麹子饼”和“麹子渣”两种。“麹子饼”就是把谷物用水浸泡后做成饼状或团子状，再发酵出菌。汉字很多是象形文字，造字时多受到物体具体形态的启发。像“菊”字就是从菊花花瓣锦簇的花形而来的，仿佛用手捧起满满一捧的动作就有了“掬”这个字。“麹”字左半部分的“麦”字代表谷物，是会意部分，右侧的“匊”是表音部分。日本的清酒、酱油和豆酱多用“麹子渣”酿造，原理就是把谷物蒸熟让其发霉生菌。做好的米饭放时间长了就会出霉菌，表面布满霉菌好像盛开的花朵一样。根据这一现象造出的象形文字就是“糀”，这个字十分形象。中国酿酒时用“麹子饼”，做酱油和豆酱时用“麹子渣”。同样用“麹子渣”，但在造字时却未能体现霉菌好像在大米上开花的那种美妙感。东京那个麹町原来是“国府路”的假借字，不是说那里有很多酿造店。

近世时日本各地有很多麹座行会组织，其中最著名的是位于京都北野天满宫领地的西京麹座，他们控制着麹子的制造。对于酒坊来说，最重要的酒曲掌握在别人手中自然不妥，于是酒坊纷纷建造自己的酒曲间，这是对麹座垄断的无奈应付之举。而麹座仗着当时室町幕府的旨意，唆使幕府的衙役监督将所有酒坊的酒曲间统统毁掉。但是争斗并没有因此消亡。文安元年（1444）各酒坊跑到比叡山延历寺寻求援助。从财力上说酒坊自然比麹座要雄厚得多，一定向寺里贡献了大量黄金和酒。酒坊的人为什么会跑到延历寺去求救呢？延历寺设有僧兵，甚至不畏惧朝廷，不满时便抬出日吉社的神轿集体强行上告。麹子纠纷最终演变成延历寺和北野天满宫之间的斗争，神轿出场致使天满宫被烧毁，以酒坊合法造麹子而胜利告终。

不起眼的麹子，就是这麹子。这场麹子骚乱让我们看到不论得到什么政府文件的承认，没有雄厚实力支撑的垄断都注定要失败。因为实力决定力量，决定胜负。现在也是如此，相当有实力的对手嘶喊着“排他性垄断行不通”！即使这边也有一定实力，最终也逃不出重蹈北野天被满宫烧毁的命运。

使用麹子是东亚独有的技术，据说酱油出口欧美获得了好评。麹子也默默地为促进国际化、提高人们饮食生活质量发挥着自身的作用。由此想到两千年前汉朝为了维持和平，曾向匈奴赠予各种各样的东西。据《史记·匈奴传》记载，赠物单子中按糯米、麹子、黄金、丝绸、线、棉排列。这样说来麹子也为和平做出了贡献。

语言的宽度

庆应四年（1868）年5月，维新政府控制了江户地区并设立江户府。同年7月，“江户”易名为“东京”。太政官日志中的第46卷记载了江户易名的相关诏书内容。具体内容如下：

> 江户乃东国第一之大镇，四方辐辏，宜以亲临，可视其政。因自今称江户为东京……

同年9月，明治政府将年号改为“明治”，庆应四年也就成了明治元年。相传江户在改名为东京时，“东京”的发音一开始被定为“とうけい”（toukei），发音被确定为“とうきょう”（toukyou）已是后来之事了。

在日本，“京”字有两种发音，汉音[①]发音为“ケイ”（kei），吴音[②]发音为“キョウ”（kyou）。

---

① 日语中汉字音的一种，奈良时代至平安初期传入日本，以隋唐时代洛阳和长安等中国西北地区发音为基础音。

② 日语中汉字音的一种，据称是在汉音传到日本之前，经由朝鲜半岛传至日本的，以中国南方字音为基础音。

日本人对这两种发音已习以为常，不觉读起来存在着不便之处。可对刚刚学习日语的外国人来说，就是难上加难了。“京”字在城市名“东京”中的发音为“キョウ”（kyou）。可让人费解的是，同样是“京”字，到了“京浜地方（けいひんちほう）”一词中，读音就成了“ケイ”（kei）。城市名“京都”也一样，“京都”中，“京”字读作“キョウ”（kyou），而在“京阪神”[①]和“京阪电车”两词中的“京”却不能读成“キョウ”（kyou）。

“西”字在日语中汉音发音为“セイ”（sei），吴音发音为“サイ”（sai）。关西大学中的“西”字读“サイ”（sai），而关西学院中的“西”却念作“セイ”（sei）。两者明明都是大学名，为什么“西”字的读音不一样？其实，其中的缘由很难说明，充其量也只能用“惯用”来解释。要说因词语意思不同而出现读音上的差异，还尚可理解，可虽表达的意思一样，却出现不同读音，就着实令人费解了。若把“西洋”念成“サイヨウ”（saiyou），恐怕只会贻笑大方。

有学识的人都知道，“古文書”一词读作“コモンジョ”（komonjyo），其中“文”字应按吴音来念，读作“モン”（mon）。可若要念成“コブンショ”（kobunsyo），就很容易被人说成是个外行。对外国人来说，区分这些读音确实困难，恐怕就连有些日本人也难以区分出来。

为什么在日语中表示“信封”的“封筒”（fuutou）一词中的“封”读作“ふう”（fuu），可在“封建”（houkenn）中，“封”就要读作“ほう”（hou）呢？“封”在两词中的发音不同，前者是吴音的发音，后者是汉音的发音。以前各地诸侯奉天子之命，镇守一地，世袭一方，往往都会在自己的领地上建“神社”，以示奉天子之命镇守此地。分封土地的仪式往往在“神社”举办，以将这片土地区别于世俗。这便是“封建”的来历。一个是表示封装书信的“封筒”（fuutou），另一个是表示加封土地的“封建”（houken），因两词中的“封”

---

① 即京都、大阪和神户及其周围地区。

的意思相近，汉语中就未对其发音进行区分，都读作“封”。

但实际上，还有个令人困扰的地方。中国河南省有“开封市”。开封，曾是北宋（960—1126）的国都，其日语发音为“カイホウ”（kaihou）。日语中还有一个表示“将书信打开”意思的“開封”，却读作“カイフウ”（kaifuu）。字面看完全相同的两个词，读音却不相同。在汉语中两词的发音却没有任何区别。

通常，人们会以是否能够正确区别汉字的读音为标准，来判断说话人是否为内行或有无学识。但我认为，读音上的区别并不能说明什么。按照我个人的理解来看，“封建”也可以读作“フウケン”（fuuken），“开封市”也可以读作“カイフウ”（kaifuu）。实际上，像日语中“封筒”“封書”“密封”“封鎖”等，按照吴音“フウ”（fuu）来读的词语所占比重还是相当大的。

据《日本书纪》记载，应神天皇在位时，王仁从百济带来《论语》和《千字文》，汉字也就是从那时开始才传入日本的。应神时期可以大致推定为4世纪末至5世纪的这段时间。汉文字传入日本时，与之一同进入日本的还有其读音。

“倭五王”时代里，日本同百济、中国的南朝保持着很深的联系。“镇东大将军”“百济王”等都是中国南朝嘉赏的封号。中国的南朝，即六朝时代，国都为南京。从六朝传入日本的汉字读音，便是长江下游一带“吴”的产物。毫无疑问，伴随着汉字最先传入日本的便是吴音了。

汉字的吴音经常用于记录日语的诗文。《万叶集》《古事纪》等作品的语音标记方式基本上同吴音一致。日本的佛教来自百济地区，因此很多佛教用语的发音也都源自吴音。

从此之后又过了二百余年，中国结束了南北分裂的状态，南北统一后进入了隋唐时代。日本向中国学习律令，学习的对象正是将南朝吞并了的北朝一系中的隋朝和唐朝。日本先向中隋派遣了遣隋使，唐时又向洛阳、长安等地派遣了遣唐使。使者们前去学习的地方——中国北方，正是汉音的世界。

江户时期，日本通过荷兰语管中窥豹，看见了世界的一角。明治时期，日本发现英语才是世界的主流语言，于是急忙放下了荷兰语转而拾起了英语。这和舍弃吴音、学习汉音的过程非常相似。奈良朝和平安朝的执政者们于延历年间（782—806）颁布诏令，鼓励人们多使用汉音，并认定汉音为“正音”，还规定了僧侣必须学习正音才可剃度等。

但实际上，政府并没有完全强制人们使用汉音。倘若完全强制人们使用汉音，人们便可不必在吴音和汉音间纠结了，对学日语的外国人来说也减轻了不少负担，我们甚至还可以说“カンセイベンのバンさい”（関西弁の万歳）[①]等。

究其原因，吴音在日本有着二百多年的历史，已经深深融入日本社会，甚至还有很多发音已经同化成了日语。例如，日语中的“絵”一词，吴音中念“エ”（e），而在汉音中就读作“カイ”（kai）。相当一部分的人都认为念“エ”音的“絵”是地道的日本固有的词语。日常生活中，我们通常都会说“エを見に行こう”，却很少能听见“カイを見に行こう”这样的说法。

吴音的发源地，即中国的长江下游地区的风土环境和日本很相似。水田广布，不仅两地的生活风俗相似，就连人们的日常作息也基本相同。而汉音的发源地，目所能及之处尽是荒凉景象。由种满小麦和高粱的田地勾勒出的世界，总让人觉得和日本之间存在一些相异之处。

话说回来，对于那些已经融入民众生活边边角角之中的东西，单凭一纸法律文书很难完全抹去。倘若执政者对读音进行强制统一，只留下汉音的话，很难想象日语究竟会变成什么样子，恐怕会比现在的日语听起来生硬许多，虽然听起来抑扬顿挫，却缺少了圆润之感。

《续日本纪》是一部敕撰史书，成书于政府大力推广汉音的时期，却仍有用万叶假名书写的宣命，其中更是存在着许多吴音。

---

① 意为关西方言的胜利，“関西”的吴音为“カンサイ”（kannsai），而汉音为“カンセイ”（kannse）。

语言是有生命的，虽然其前进的方向可能会被改变，但终不至于走向消亡。

日语中，“天文学”的读音为“テンモンガク”（tennmongaku），为什么去掉“天”字后的“文学”一词就要读作“ブンガク”（bungaku）呢？倘若要是被正在学习日语的外国人问到了，又该如何回答是好呢？

其实，“文学”一词出现在日本已经是明治以后的事情了。随着明治维新，与文化相关的西方事物逐渐涌入日本。日本人也需要对新事物进行命名。就像“Philososhy”一词，被翻译成了“哲学”，是个相当不错的译名。“Physics”一词最早被翻译为“窮理”（音为“キュウリ”）。但这个译名的发音和蔬菜店中的“胡瓜”（音为“キュウリ”）的发音完全相同，不便使用，后改译为“物理”（音为“ブツリ”），可谓颇费苦心。

据相关书籍记载，将“literature”翻译为“文学”的人是西周（1829—1897）。著名的“哲学”一词也出自他之手。但“文学”绝非上佳译词，因为“literature”本身就不算一门学问。《论语》中的“先进篇”中曾出“文学”一词，其所指范围笼统，主要指学问和学艺（诗、书、礼、乐），与“literature”并不匹配，倒是翻译成“文艺”更为合适。

明治初期是燃烧着一个追赶发达国家的使命感的时期。这一时期创造的新词汇往往给人以郑重其事的感觉，其中最具代表性的就是“経済”一词了，是表达“经营于世，救助予民”之意的“経世済民”的缩略，也是对“economics”的翻译。

前文已经说过，维新政府里郑重其事的执政者们想将“東京”改念为“とうけい”（toukei）。前文也提到了北宋的都成开封，实际上，开封的别名也是“东京”。因为开封位于比唐朝的国都长安更偏东的地方，才得此别名。记载开封繁华景象的《东京梦华录》在日本也颇有阅读市场，而书名正是读作“トウケイムカロク”（toukeimukaroku）。

江户改称为东京时，人们不顾执政者的考虑，称东京为“トウキョウ”

（toukyou），久而久之，这种叫法也就固定了下来。如果将“トウキョウ”（toukyou）和“トウケイ”（toukei）反复念上十几遍，就会明显感觉到，吴音“トウキョウ”的发音更为圆润。同样，“黄金”一词的汉音发音为“コウキン”（koukin），而吴音发音为“オウグン”（ougon）。同样将这两种读音反复念上十几遍，就会发现，汉音表达的是黄金的余韵，而吴音凸显的则是黄金的光泽。正是因为汉音和吴音共同存在于日语之中，日本的语言才拥有了自己的宽度。

年号[①]杂谈

关于某一特殊的年份，古人是怎样进行记载的呢？比如发生了大地震，或者有过日全食的年份，一定是采用了“在我十五岁那年……”之类的说法。

使用自己的年龄，只能通用于以自己为中心的小范围。于是，将宗族里位份最高的人的年龄作为标准。

“在我父亲47岁那年……”这里家长的年龄是一个标准。而母系氏族时代就应该是“在我母亲38岁那年……”

当有朝一日，小家庭发展成了大家族，甚至扩展到地域群体的时候，则以村落首长的年龄或者首长就任的那一年为记录年份的标准。

《史记·五帝本纪》从尧以后才开始有年数记载，对黄帝、颛顼、帝喾这三代，连在位年数都没有记载。

“尧立七十年得舜，二十年而老，令舜摄行天子之政，荐之，于天。尧辟位凡二十八年而崩。”《史记》里，从这里开始有了年份的记载。

孔子撰写《春秋》时，元年、正月、日、时都记得很清楚，但编纂《尚书》

① 日语中“年号”和“元号”意思相同。原文中使用的“元号”，译文均作“年号”。

时没有记载年月，那些由于时间太过古远，有争议之处没有收录进去。

司马迁也在三代世表中记述："余读谍记，黄帝以来皆有年数。稽其历谱谍终始五德之传，古文咸不同，乖异。夫子之弗论次其年月，岂虚哉！"

《史记·五帝本纪》中继尧之后，关于舜的记载如下：

> 舜年二十以孝闻，年三十尧举之，年五十摄行天子事，年五十八尧崩，年六十一代尧践帝位。践帝位三十九年，南巡狩，崩于苍梧之野。

关于尧的记载，一开始登场就已经在位 70 年，而关于舜，先是以舜的年龄为基准，再从即位开始计算，出现了 39 年这一数字。与尧相比，舜则更具有凡人的气息。另外，从尧死后到舜即位有三年的空当，应该就是服丧期。

> 帝舜荐禹于天，为嗣。十七年而帝舜崩。三年丧毕，禹辞辟舜之子商均于阳城。天下诸侯皆去商均而朝禹。禹于是遂即天子位，南面朝天下。

禹是夏王朝的创始者，自此拉开了世袭王朝的序幕。

夏王朝接下来是殷王朝，《史记》中《殷本纪》的记述开始越来越有人情味了。

商王朝的创始者武王汤死后，太子太丁在即位前死去，立弟弟外丙为王，外丙即位三年便死了。之后，立他的弟弟中壬，即位四年后也死了。又立太丁的儿子太甲为王。三年、四年，这样短的年数，是不是有着十足的人情味？

贤臣伊尹制定了《伊训》《肆命》《徂后》这三种类似宪法的法令。据《史记》记载那年刚好是帝太甲元年。

如此看来，年号是从某皇帝或者某大王的元年为纪年方法而来的，即位的当年为元年。如前面所述，太古时期，为先帝服丧三年，此间停止一切政治活动。

随着时代变迁，政务变得复杂，政治状况也趋向紧张，不可以三年不理政事。服丧虽然有服丧期的很多限制，但政治事务还是要处理的。因此君主死后太子迅速即位，但年号还是沿用先帝的年号，下一年才是新君主的“元年”。

在古代，遵循父母的行事标准，也是孝行之一。计算在位年数的时候，儿子将父亲死去的年份也算进自己的年数里，被视为大不孝。

在日本，如果天皇去世，便马上改元。大正十五年和昭和元年是同一年，而昭和元年仅有数天显得不太自然，很容易混淆。

有段时期人们认为，《史记·殷本纪》中记载的皇帝的名字不可信。商在公元前 1027 年灭亡，司马迁则是在公元前 100 年左右撰写的《史记》。中间经历了千余年，而且全部是公元前的事情。商王朝是否真实存在过，都值得怀疑。历史作为一门科学被研究的时候，产生这样的疑问也是可以理解的。

1899 年发现了刻有文字的甲骨，这一发现成了大规模发掘商朝废墟的契机。通过出土的甲骨，确认了商朝历代皇帝的名字，与史记的记载基本一致。这一发掘从科学的角度证明了《史记》记录历史的准确性。

历史在前进，周取代了商，最终也不得不东迁，中国进入了春秋时期，随后则是分裂割据的战国时期。

春秋战国的 550 年是各地的权力者建立政权的时代。周王朝的存在有名无实，各地的君主以各自即位的年份进行纪年。

孔子撰写的《春秋》是地方史，记载了鲁国的历史，同时又与各地的历史密不可分。《春秋》的记述始于鲁隐公元年，相当于公元前 722 年，也是周平王四十九年。对这一年，根据《史记》可以得出如下十二诸侯年表：

燕穆侯七年

郑庄公二十二年

曹桓公三十五年

蔡宣侯二十八年

陈桓公二十三年

卫桓公十三年

宋穆公七年

楚武王十九年

秦文公四十四年

晋鄂侯二年

齐釐公九年

当时各地有权势者都自称公或侯，故而桓公同时有三人。顾及周王室，除楚之外再无人称王。当时中国的礼教只有周王室的君主可以称“王”，楚便以“楚乃蛮夷也，不从礼数”为由，自定礼法，自称王。

秦始皇造了很多新词汇，“皇帝”一词就是他的发明。他自称“秦始皇”，二世、三世至于万世，传之无穷。“朕”一词原本是普通的第一人称，秦始皇将它变为皇帝专用语，其他人不得使用。连秦始皇这样能想出很多新事物的人，也没能想起使用“年号”来纪年。

元号的“元”字同“原”，有“开始”的意思。诸侯即位的第二年为元年，宣告新的开始。

元年、二年、三年，随着数字的增加，也会有重新“从一开始”的想法。秦惠文王在公元前 338 年即位，第二年为元年，到十三年改“公”称“王”，因此十四年即公元前 324 年再一次回归到元年。这是一种改元，只是改元前后国君为同一个人，即惠文王。惠文王在第二个年号的十四年时去世，改元刚好将他自己在位的时期分为了两等份。

公元前 189 年是汉文帝元年，公元前 163 年也就是汉文帝十七年又重新定为元年。为了区别于前面的元年，故称“后元年”。依次为后元二年、后元三年等。之所以改元是因为在第二个元年有人献给汉文帝一个刻有“人主延寿”四字的玉杯。新垣平向汉文帝预言，说“阙下有宝玉气来者”，同时私下派人献上了玉杯。

这个策略很快被识破，新垣平被处死。但更改的年号没再改回来，从元年纪起。后元持续了七年，第七年文帝死去。

文帝后的景帝也在第八年的公元前149年改为“中元年”。又将中元七年即公元前143年改为“后元年”，后元三年景帝死去，武帝即位。

将同一个君主的在位时期一分为二或者一分为三的，前元、中元、后元这些叫法，不同于我们通常理解的“年号”。这并不属于建武、元禄、昭和等年号的范畴。改元一词也只是意味着“更改元年”。那么，一直追求时髦的秦始皇也没能想到的“年号”是从何时开始出现的呢?

汉初文帝、景帝时代的前元、中元、后元的叫法的确是年号的前身。到了武帝时代，年号正式诞生。

景帝死去时，16岁的皇太子——武帝即位。年少即位，可以预想他在位时间应该会很长，前元、中元、后元的划分方式有些难。因此采用另一种方法，先称为初元，以后用数字来记述，每六年依次纪为二元、三元、四元。比如纪为二元三年、三元四年。

不过，查看年表，武帝在位期间采用的是下面的年号:

公元前140年　建元元年

公元前134年　元光元年

公元前128年　元朔元年

公元前122年　元狩元年

公元前116年　元鼎元年

公元前110年　元封元年

公元前 104 年　太初元年

公元前 100 年　天汉元年

公元前 96 年　太始元年

公元前 92 年　征和元年

公元前 88 年　后元元年

汉武帝在位的 54 年期间，采用了这 11 个年号，改元 10 次，最初是 6 年一改，太初以后 4 年一改，直到最后，近 70 岁高龄，才改元为“后元”。

前、中、后这样划分的年号，不同于我们现在理解的“年号”的意思。那么，年号就应该是从汉武帝的“建元”开始的。

但这也存在一些问题。

建元、元光、元朔三个元号不是当时使用的，而是之后添加进去的，与官位追赠相类似。如前面所讲，开始使用了初元，只不过后面称作建元。同样，将二元称元光，将三元称元朔，也是之后追加的。这就是年号的“追建”。

关于第一个年号有元狩说和元鼎说。

先看看元狩说。汉武帝四元一年（前 122）捕获了一角兽（白麒麟），为祥瑞之兽，将年号立为“元狩”，同时即位以来的初元、二元、三元各自追建为建元、元光、元朔。以上是清朝赵翼在《廿二史札记》中的阐述。《史记·封禅书》中曾记载，有司（官员）进言，应以天瑞来命名年号，不应该用数字。此言被采纳，一元为建元，二元长星（彗星）现，故定年号为元光；三元狩得一角兽（白麒麟），年号定为元狩。但三元是元朔、四元是元狩，所以这部分记述实在很乱。

再来看元鼎说。《汉书》记载，元鼎元年，汾水河畔得到一尊鼎。但在《史记·封禅书》中，鼎是元鼎三年在汾阴获得的。比起捕获一角兽（白麒麟），得鼎之事记述得更为详尽，不难想象到得鼎应该更具有祥瑞之气。

汉书应该是为了迎合元鼎说做过调整。但从《史记》混乱的记述中，可得知宝鼎是在五元三年获得的，因此定这一年为“元鼎三年”的记述更为合理。依此说法，“元狩”也是追建的年号，捕获一角兽（白麒麟）的祥瑞之事，是年号“元狩”的由来。

无论第一个年号是元狩还是元鼎，只差了几年而已，不急于在此下结论。但采纳了大臣的进言，开始命名年号应该是不争的事实。普通人对初元、二元、三元这种叫法也应该感到索然无味。也有可能民间早已为年起了别名，私下里将 16 岁即位的武帝初元元年叫作“小儿元年”。

年号有基于事实而制定的，比如因得宝鼎而定年号为元鼎，因捕获珍兽而定年号为元狩；还有表达理想的年号。日本的明治、大正、昭和，中国的咸丰、同治、光绪、宣统等，在近代年号里，后者占了绝大多数。

年号本就代表吉祥，必然要选择表达祝福的文字。包括五胡十六国在内，祈求君主在位长久以及王朝的长久，使用“永”字居多。纵观历史上的王朝年号，包括五胡十六国在内，中国的年号里第一个字取得最多的是“永”字，其次是“天”字。在吉川弘文的统计中，“永”有 59 例，“天”有 58 例。除中国外，日本、朝鲜、安南等国家也使用年号，如果加上这些国家的话，总数上“天”字应该会超过“永”字。在日本以“永”字开头的有 16 例，而以“天”字开头的总计 26 例。

如果前元、后元这些不算作年号，那么同一王朝不存在重复的年号。自大化改新以来，长达 1350 年的时间里，日本不曾重复使用过同一年号。与日本不同，中国在王朝更迭后，并不忌讳使用其他王朝出现过的年号。

“太和”这个年号，在魏、后赵、成汉、东晋、北魏、唐、五代被反复使用了 7 次。如果视“泰”和“太”相同，加上金出现过的“泰和”，就是一共使用了 8 次。让人感到意外的是，首字使用“太”字的年号在中国有 43 例（不包含泰字），在日本却一例都没有，“泰”字也不曾使用。或许是“太”字中国道教色彩过于浓烈，与日本年号格格不入吧。

让人无法理解的是在尚文风气如此浓厚的中国，各朝代的年号中使用

“文”字的情况出奇地少，而首字使用“文”字的只有唐朝的“文德”和“文明”两例。

而反过来，作为尚武的国家，长期实施武家政治的日本，却有 15 例之多使用“文”字——文治、文历、文应、文永、文保、文和、文中、文安、文正、文明、文龙、文禄、文化、文政、文久。或许是在不言自明的崇文国家，没有必要在年号中再一次强调“文”，而日本与此恰恰相反。

昭和的“昭”字笔画并不多，给人一种简单明快的感觉。但意外的是无论中国还是日本，以前都没有首字使用过“昭”字年号的，1926 年是第一次使用“昭和”。

选择年号时，会召集众多学者进行反复讨论，选择年号的方法也要体现民族性格，词语虽短小，但也可以形成一门学问。

一世一元制起源于 14 世纪的明朝，在中国时间也没有那么久远。明王朝的开国皇帝朱元璋虽有太祖的庙号，但他在位的 31 年一直使用“洪武”年号，因此他被称为洪武帝。在日本正式施行一世一元制是 19 世纪明治维新之后的事，算不上是古老的传统。

在明治天皇以前，孝明天皇在位 20 年，使用了弘化、嘉永、安政、万延、文久、元治、庆应共 7 个年号，其中弘化是沿用仁孝天皇时代的年号。

1911 年辛亥革命之后，中国取消了年号（伪满洲国除外）。朝鲜和安南（越南）也不再使用年号，此外安南废除了汉字。

目前世界上使用年号的国家只有日本，年号像保存天然纪念物一样保留了下来。说到保留传统，一世一元制最多不过百年的历史，而且年号并没有在世界上通用。关于是否应该保留年号，日本国民莫衷一是。但在此之前，是不是有必要重新审视一下年号到底是什么？原本就是高高在上的存在，虽然不曾有过“年号学”，但如果有人能系统地研究它应该非常有趣。

鹊　桥

日本的喜鹊主要栖息在以佐贺平原为中心的北九州一带，日本已经将喜鹊列为自然保护动物。据说喜鹊原本并不栖息日本。据《日本书记》记载，推古天皇六年（598）四月，新罗向日本进献了两只喜鹊。当时进献时须献珍禽异兽。同年八月新罗又进献孔雀一只，十月越（北陆）进献白鹿一头，翌年九月百济进献骆驼一匹。

据说进献的喜鹊未能繁殖后代，到了丰臣秀吉出兵朝鲜时，佐贺藩主锅岛直茂又从朝鲜带回喜鹊。喜鹊别名“胜鸦”，有传说加藤清正听到喜鹊鸣叫认为是胜利的吉兆，由此便有了这个别名。朝鲜称喜鹊为“卡契（译者注：日文音译）”。喜鹊身型比乌鸦略小，除了肩和腹部是白色外，其他部位都是油亮的黑色。喜鹊叫声比乌鸦清脆，寓意吉祥。战争胜利的吉兆的说法其实并不是加藤清正首创的，在东方“鹊音”或“鹊声”本来就寓意有好消息传来或是有好事的吉兆。流浪中的杜甫听到舍弟的音信时，说喜鹊带来喜悦。旧时用作喜庆的祝词就有如“鹊笑鸠舞”。

日本把喜鹊列为自然保护动物，韩国把喜鹊视为“国鸟”，如前所述中国一直把喜鹊看作象征吉祥之鸟。但是，欧洲却把喜鹊看作象征不吉祥之鸟。

传说魔女外出时会变身为喜鹊，喜鹊在空中冷笑那些没有乘上诺亚方舟在洪水中挣扎的人，拒绝为耶稣哀悼，喜鹊给人的都是这般形象。像喜鹊这样在东西方文化中象征吉凶两个极端的鸟，十分少见。

传说牛郎织女只在七夕才能相会。牛郎星和织女星隔着天河遥遥相望若即若离的景象才产生了这个传说。两颗星无论怎样接近都隔着天河，被称为灵鸟的喜鹊奋力相助，用翅膀搭成一道跨越天河的彩桥让他们相会。极富侠义心肠的喜鹊用翅膀搭成的桥被誉为“鹊桥”。喜欢成群结伴飞翔的喜鹊有时看起来像在空中架桥一样，因此就有了这个传说吧。用翅膀搭成像彩虹般的拱桥比较困难，织女也会心惊胆战不敢上去吧。古文献中如此解释：“鹊，填河。”就是搭成浮桥一般要紧密地排列才行。传说就是传说，没必要探究得那么细致，而正因为是传说，那个印象却极为重要。

填，不免让人联想到精卫鸟。精卫是人们想象的一种鸟，实际并不存在。《山海经》中这样描写精卫：它的形状像乌鸦，头部有花纹，白色的嘴，红色的脚。据说炎帝的女儿在东海溺水而亡化成精卫鸟。因为恨恶海浪，精卫鸟决心要把东海填平，一刻不停地从西山衔来石子和树枝，往东海里扔。无奈东海太大，一只小鸟的力量无法带来任何改变。后人便用“精卫填海”这个成语来形容欠斟酌、无法成功实现的事情。

《山海经》中除了精卫的故事外，还有刑天的神话。黄帝打败了刑天，砍掉其脑袋。刑天只好乳目脐口，化作怪物，拿着矛和盾战斗不止。诗人陶渊明读《山海经》还曾为精卫作诗一首：

精卫衔微木，将以填沧海。刑天舞干戚，猛志固常在。同物既无虑，化去不复悔。徒设在昔心，良辰讵可待。

精卫改变身姿失去身体也不后悔。由此看来，陶渊明对他们的意志抱有肯定态度。

再把话题转回喜鹊那里，喜鹊只有肩和腹部是白色，其他部分都是漆黑的。这种斑驳的图案好像也是在欧洲不受欢迎的一个原因。喜鹊的英文名叫“magpie”，意为带斑点的雏菊。中国传统诗歌讲究押韵，而且最好两个字相和。因此也称喜鹊为“乌鹊”，“乌”除了是乌鸦的意思外，也作黑色讲，是形容词。乌鹊就是黑喜鹊，喜鹊已经被定格为黑色。《三国志》中曹操有诗云：

月明星稀，乌鹊南飞。绕树三匝，无枝可依。

这首诗描绘的是喜鹊在月夜南飞四处寻找却又不知在哪里寻巢，比喻天下英才尚不知自己该辅佐哪位英雄的踌躇。乱世之中选好君主十分重要。后面还有“山不厌高，海不厌深”。不论山多高海多深，我如同山海不论多少英才都不嫌多——还有其他说法，大概就是这个意思。用喜鹊选枝寻巢的困惑来比喻英才的迷茫。喜鹊寻巢是件十分慎重的事情，要先选枝，还必须是粗壮一些的树枝。我就是粗壮有力的树枝——曹操似在昭告天下英才。

落成的来历

横滨的关帝庙建于明治六年（1873），历经关东大地震、横滨大空袭，1986年火灾后又得以重建。今年（1990）8月14日举行落成典礼，我从神户应邀前往。

汉白玉石栏杆、参拜道路、台阶、电龙石、屋顶的琉璃瓦均由北京古代建筑工程公司负责，本殿、牌楼的木雕、涂装、龙柱、屋顶装饰、祭坛及室内刻画装饰由台湾挥华石材有限公司负责。大陆和台湾建筑人员在同一工作现场合作完成这项工程。

横滨的华侨虽然都各自有自己的思想和信条，但对于关帝庙再建却是出奇地团结一致。就这一点我感到特别高兴。我们与会者坐成一排，眼前挂着“祝横滨关帝庙落成”的横幅。坐我旁边的永六辅先生问我：“本来是值得庆贺的落成典礼，为什么会用有掉下来这个意思的‘落’字呢？”我一听就慌了，不知道如何回答。这么说来，落第、落伍、坠落、堕落、没落等词中的“落”字确实都不是什么好的寓意。我只好回答人家说，回去查查看。回家后我赶紧翻开诸桥的《大汉和辞典》找“落”字一项：“宫殿竣工时祭祀此事。”辞典中举出的例子是《春秋左氏传》：“楚子建章华之台，与诸侯一同祈愿落成。”好像这个解释是“落”字的特殊用法，至于说为何这么用就不得而知了。《大汉和辞典》中在上面例子下面还有这样一条解释：“新做好的钟上面要涂血。”为了清洁新完工的东西，古代要用神圣的祭祀用的牲畜之血来涂一下。古代字典《尔雅》中将“落”字解释为：“死也，始也。”大概是把“死”既看成一种结束，也看作下一个生的开始。据说中国的挽歌中包含着对复活的祈祷。还有让死者口中含一个蝉形玉的风习，称为“含蝉”。土里的蝉要脱壳而生，用此来象征死者的复苏。让死者口含蝉形玉，祈祷被葬者会像蝉一样重生，如此看来死也是下一个生的开始。那“落”字的意思既是死又是生，就不是什么不可思议的事了。

“落款”是落成款识的略语，完成字画创作时要写上名字，按下自己的印章。我写完稿子时也多会在第一页写上题目和名字。本来是因为写的过程或许会想到更合适的题目，因此题目都是放到最后来写，也说不定是下意识地想到祖先传下来的“落款”意识。

君子豹变

日语助词的用法很微妙，因此，用日语写文章要求非常细腻。对学习日语的外国人来说，最棘手的就是俗称“てにをは”的助词。

试想一下，《易经》中出现的“君子豹变”四字成语，应该加上什么助词呢？

是“君子会豹变”，还是“君子也豹变”？如果是前者的话，意思是“‘因为’是君子，所以豹变”；后者的话，意思是“‘虽然’是君子，却豹变”。

为了得到正解，必须准确理解后半部分的“豹变”。众所周知，前半部分的“君子”指的是有教养、有一定身份的人，意思接近英语的“gentleman”（绅士）。圣人，高不可攀，而君子，大多数人经过努力都可以达到。普通人的人生目标就是成为君子。

君子为善，如“豹变”亦为善，那自然是“君子会豹变”。如“豹变”为恶，那么就是“君子也豹变”或者“连君子也豹变”，意思是本应善良的君子也会豹变。

正确答案是“君子会豹变”，因此“豹变”为善。

《易经》中说“大人虎变，君子豹变，小人革面”。虎豹穿行于密林荒野，即使毛皮沾染泥土，夏秋之际也会换出艳丽的新毛。虎豹的毛皮真的很美。毛皮商的价签上，虎皮价格高于豹皮，而且好像古时也是如此。所以，大人的品格要高于君子。

变美的是虎变、豹变，这也可以理解为“进步”。而十年如一日、一成不变不好，必须要改变，但不能变丑，应当变得更美。

虽不及虎皮，但豹的毛皮也很漂亮，斑纹清晰，色泽鲜明。因为是君子，所以才能变得如此美丽。如果是小人，顶多是“革面”（换面）。从愁眉苦脸变成笑容满面、和蔼可亲。小人变美，其程度是极其有限的，远不及虎变、豹变。

显然，君子豹变是一句赞美之词，然而日语里却是贬义，多用于批评变节分子，形容改操易节像翻书一样迅速。这种误解大概缘于豹奔跑速度之快吧。

例如，到昨天为止工会干部还一直煽动罢工，结果被公司高层收买，今天突然宣布“终止罢工”，工会成员怒不可遏，大骂“你这是君子豹变”！用赞词来骂人，这是错误的。

人是不断变化的，所谓的成长也是一种变化。问题是要朝着美好的方向改变。有时明明是丑化，自己却认为是美化。豹变并非易事，需要竭尽全力。

幻 灯

日语中，“活动写真”[1]这个词正在逐渐消亡。这个词本来是英语的“moving picture”的日语译词，后来还简称为“活动”，就像美国人将“moving picture”简称为“movie”一样。

“今晚去看场活动怎么样？”——这是当时日本人常用的表达。不知道从什么时候起，“映画”悄然替代了“活动”。我的孩提时代，也就是昭和初年，正好是两个词的交替期，那时候听“映画”这个词，感觉特别高端。

“活动”这个词就是指充满活力的运动。这个词投射出来的，是电影的童年时期的人们对于“动起来的图像”所表现出的无比的兴奋和惊异。

不会动的图像的历史则更悠久，并且被赋予了“幻灯”这样一个颇具神秘色彩的名称。[2]

鲁迅进入仙台医学专门学校学习是在 1904 年，那时候教授把细菌学的讲义做成幻灯片来讲课。有一次，那节课的内容讲完后离下课时间还有富余，

---

① 电影在日语中的旧说法。现在的日语为“映画”。

② 原文在这之后还有一句“‘幻灯’这个词现在也几乎要被‘スライド’替代了”，由于完全是说日语内部的情形，因此在译文正文中删除，在此作注。

教授就把日俄战争的照片用幻灯机投出来给学生们看。其中有一张照片，一个中国人被认定是俄国的间谍而被处死，而在周围漠然旁观处决过程的，自然也是中国人，因为日俄战争是在中国东北进行的。

群众冷眼围观自己国家的同胞被处死的画面，呈现出的是一幅不可救药的可怕景象。中国东北地区的人体格往往比较高大。鲁迅后来回忆道，看着那个画面，他意识到中国人病不在身体而在精神，这成了他弃医从文的契机。

幻灯有着很长的历史。17 世纪中叶，阿纳塔斯·珂雪写了一本名为《伟大的光影术》（*Ars Magna Lucis et Umbrae*）的著作，介绍了将照相底版置于光源和镜片后的投影技术。该装置被称为“魔术幻灯”（Magic Lantern），用于基督教的传教工作。将基督像大大地投射出来，善男信女们见之惊喜膜拜，更加虔诚。

这又让我联想起，玄奘曾记述他在前往印度的取经路上，经过滥波国到达犍陀罗国，在小石岭佛影窟内看到了真佛的身影。这便是《大唐西域记》中的“佛影窟”。

佛影窟中的真佛也不是什么人都能见到的，即便像玄奘这样的高僧，一开始也看不到。他拜了两百多次后，洞窟内突然明亮如昼，释迦如来的尊容清晰地浮现在了岩壁上。膝盖以上的部分看得很清楚，但莲花座及以下部分则模糊不清。

玄奘叫来了在洞窟外等候的六个人（其中五人是山贼），让他们带着明火进来，向佛进香。谁料，刚把火带进洞内，佛影就消失了。把火熄灭并再次祈祷后，佛影又重新显现。但是，同行的六个人中，有一个人却怎么也看不见佛影。

有一位叫萨穆尔·毕尔（Samuel Beal）的英国学者，认为这个景象说明当时波斯一带可能已经传入了幻灯技术。

玄奘是 7 世纪的人，而上文中已经介绍过，有关魔术幻灯的发明最早的文献记载是 17 世纪。但是，古代西亚的文明程度远高于古代欧洲，千年之前就已经有了幻灯技术也并非不可能。

《史记・大宛传》中有“条支……善眩”的记载。条支国被认为在今天叙利亚一带。“眩”肯定指的是某种幻术。此外，《史记》中还有安息国（今伊朗）“以……黎轩善眩人献于汉”的记载。有说法认为黎轩在今天埃及的亚历山大港一带。中国的史书中经常提起西域的“幻人”（或称“眩人”），按照今天的说法就是幻术师。古代西亚有一种叫作“magi”的法师，这个词也是魔术（magic）以及魔术师（magician）等词的词源。那些过于虔诚的宗教信徒即便平常时候也有可能看见幻觉，对于“magi”来说，要做出让他们惊叹的幻术，简直易如反掌。

无独有偶，玄奘时代的两百年前，法显在《佛国记》中也记载过佛影窟。法显时代的一百年后，宋云也在相同的地方看到过相同的景象。按照宋云的描述，那图像靠近时则变模糊，用手触摸则变回普通的石壁，后退观之则又复看见，这正符合幻灯的图像特点。

对于魔术师来说，魔术手法是不能随便公之于众的。也许，古代西亚很早就有了“幻灯机”，只是没用文字记录下来而已。

鸽　子①

自出生以来，我记住的第一首歌，当属“咕咕，咕咕，咕咕，鸽子过来呀”这首童谣。开头的“咕咕，咕咕，咕咕”对于婴儿来说发音比较容易。另外，接下来这件事说了可能会暴露年龄：我们这一代的国家指定教科书语文课本的第一册是从“hana，hato，mame，masu”开始的，也就是说刚入学的小学一年级新生就要反复说“花”和“鸽子”②。

“豆子喜欢不喜欢？快来吃呀。”这句歌词唱出了鸽子和孩子之间自然的亲近之情。“喜欢不喜欢”透出一种自然流露的情感，假如说“喜欢吃吗”反而显得有些做作。

佛寺和神社的院内经常会有鸽子聚集。鸽子喜欢待在空间比较开阔又经常有人经过的地方，因为人们会给它们喂食。国外也是如此，像威尼斯的圣马可广场、伊斯坦布尔的埃于普庙庭院等地，总是有大量鸽子聚集成群。就算人走到它们旁边，它们也不会飞跑。也许它们知道，来到这种地方的人都是虔诚的信教者，是前来参拜的，不会干出把它们抓走吃了这样的事情来。

---

① 日语中，鸽子统称用“鳩”来表示。

② 日语中“花”发音为“hana”，鸽子（鳩）发音为“hato”。

在欧洲，人们相信巫师能变成任何东西，唯独不能变成鸽子。对于人来说，鸽子也确实是一种可以放心接近的动物，它们不会突然变成恶魔。中世纪的人最害怕的就是某物突然化作恶魔。在基督教中，鸽子是圣灵的象征；在日本，鸽子也是八幡神的神使。

然而在中国，李时珍的《本草纲目》中却说鸽子性淫，名声不怎么好。据说“鸽”这个字被解为“鸟”旁边加一个“合”，就是因为这种鸟四处胡乱野合。然而，鸽子其实是一种忠于伴侣的动物，连孵卵时也是雌鸟与雄鸟交替孵的，夫妻十分恩爱。相比之下，可能人类要性淫得多。因此，这个“合”字不应解为“野合”，解为“和合”也许更合适。一般常识性的解释是“合”是由鸽子的“咕咕”叫声而来的。“鳩”这个字也是由其叫声得来的。在指称鸟的种类的汉字里，这种由形容叫声而来的例子不少，比如“鶏”[①] 也是如此。

自从保卫世界和平大会的海报采用了毕加索画的鸽子以来，鸽子更是成了和平的象征。

西方菜和中国菜里都有用鸽子做的菜肴，但看起来人们对吃和平使者还是有抵触的。日本也不流行吃鸽子。不过，据柳田国男的说法，日本从足利时代起曾经鸡和鸽子都吃。

> 从足利时代的日记类文学中可以看出，经济上负担得起的家庭拿来做肉食的鸟类种类和数量都很多，从雁鸭菱食（一种鸭科鸟类）到山鸡鸠鹭等，无所不食。鹿和兔等动物也遭到大量捕猎。过去的日本人只是不懂得吃家畜而已，我们绝对没有文明到哪去。
>
> ——柳田国男《明治大正史》

明治以前，由于雄鸡能为人们报晓，所以人们是舍不得吃自己家的鸡的。

① 日语中的“鸡”使用繁体字“鶏”。

实在想吃鸡了，就拿东西去交换远方的其他人家的鸡来吃，据说当时还有做交换鸡的中间人的职业。一想到自己家的鸡正在被别的人家吃掉，肯定有一种说不出来的感觉。家畜和家禽其实可以算是准家庭成员了，要吃它们实在是不忍心。

我们没有资格批评吃鸽子的意大利人和中国人。在中国，由于鸽子肉营养丰富，有作为药膳的传统。

鸠鸟不擅长筑巢，筑的巢十分粗糙。有一个词叫“鸠拙”，意思是形容自己没有才能，是一种自谦的说法。有时候，鸠不自己筑巢，而是去强抢别的鸟的巢，尤其喜欢抢喜鹊的巢。在将近3000年前的中国的庆婚歌谣里，有“鸠占鹊巢”的句子，是将新娘比喻为鸠鸟，其意思不是强抢，而是说新娘在丈夫的家中找到了安居之地的意思，有喜庆的内涵。“鸠居”一词还成了称呼房子的吉利话。[①]

鸠鸟动手能力虽差，却也有别的鸟不会的本事，那就是它喝水特别顺畅。观察别的鸟会发现，它们都是一次又一次地把水含在喙里然后抬头咽下去，然而只有鸠鸟能把喙插在水里直接吸水，并且绝不会噎住。

上年纪的人咽东西时经常会噎住，有时甚至危及生命。中国有一个习俗，就是老人用的筷子头上有一个鸠鸟的装饰，这就是求鸠鸟保佑吃东西不会噎住之意。在史料中，可以看到天子赠老人“鸠杖”的事情，一般的说法是因为“鸠”发音与“久”“休”等相近，所以有祝福老人能长寿并得到安静休养的寓意，但如果理解为希望老人吃东西不要噎着，好像更为有趣。

① 译者按：“鸠占鹊巢”含义已变，意为强占他人住所、土地和产业等。

劳 动

当今社会，工作狂似乎已经成了被批判的对象。同样是工作，如果对工作内容喜欢得不得了的话，就算为此减少睡眠时间，可能也不会觉得身体有多累；反之，如果工作内容完全不喜欢，哪怕每天只干半天活，也会累得不行。

说到底，“働”这个字是日本人造的所谓“国字”[1]。汉字的故乡中国是没有这个字的。

中国人说“工作”，不管是耕田，还是在工厂，还是站在讲台上，都叫工作。体力工作又叫“劳动”，但用法不像“工作”这么广泛。

在汉字之国中国，“工作”的概念需要两个汉字来表示，然而在日语中，只用“働”一字即可。由此也可以窥见日本人工作狂的一面。

有些概念在汉语中没有，日语要自己造汉字也是不得已，例如“裃”[2]“襷”[3]等都是如此。

---

① “働”，日语独有的汉字，工作之意。日语称其独有的汉字为“国字”。本节中的“国字”均指日制汉字。

② 指上下身礼服。

③ 指和服袖子的束带。

“峠”也是“国字”，用中文来说则要说两个字“山口”。又有国字“辻”，中文则要用三个字“十字街”。这些国字造得颇为巧妙，而且使用方便。

然而，不知道是不是为了增强中国人的劳动意识，“働”这个字却再出口到了中国。中华书局发行的《辞海》中有词条“働”，首先解释是：

> 日本字也。国人读之如劳动的动。义通动。劳动亦作劳働是也。又有作用、功劳、动作、功用、才能、智慧、使役等义……

在这之后，该词条又以“我国社会、经济学书，亦多引用之”作结。

明治中期以后，中国留学生大量东渡日本，学习明治维新后日本近代化的成果。西欧的思想文化也是先翻译成日语，然后再翻译成汉语的。似乎是在这种翻译日书的过程中，中国人一度使用过“働”这个日本造的汉字。

“劳动”是正统的汉字表述，在古籍中也多有出现。例如，《三国志》中有名医华佗的传，其中记载他教导弟子吴普的话中有这样一句：“人体欲得劳动。”意思是人的身体应当多活动。他是这样解释的：让身体动起来，就能消除身体中的“谷气”（似乎是促进食物消化之意），使血脉流通，身体就不会生病。但他也提醒不能运动过度。

这里的“劳动”是“劳而动”之意，“劳”的意思是勉力而为，也就是在没有必要动的时候勉力而动，正是我们今天所说的“运动”。根据上下文来看，是指一种健康的生活方式，而不是为了养家糊口的工作。

《三国志·吕蒙传》记载吕蒙生了重病，主公孙权非常关切，医者进行针灸时，在旁观看的孙权看上去反而比接受打针的吕蒙更疼。后来孙权再次前去看望时，由于担心看到自己驾临会使吕蒙“劳动”，所以在墙上打了个洞，从洞里偷偷探视。这里“劳动”的意思是重病患者“勉强起身”，同样不是为了赚钱的“劳动”。

在中国史书中，《三国志》是与《史记》齐名的必读物，其中“劳动”这个词有时候指的是健康运动，有时候指的是卧病在床的病人勉强起身。

在翻译西欧社会学和经济学著作中出现的“labour”一词时，中国的知识分子可能脑海中已经出现了《三国志》中的词语，却由于意思不合而十分苦恼。日语译本中，已经有了“劳働”这种翻译方式。

为什么“働”这个日本字会被中国人使用（虽然只是暂时的）呢？关于这个问题我想了很多。如果是从使用方便的角度考虑的话，“峠”“辻”等字的方便程度不是更高吗？有说法称由于不是从原著直接翻译，而是经由日译版再译的，所以其实是不小心直接用了“働”字，这种说法似也不能断然否定。也有可能是因为长久以来，中国的劳动人民一直被强迫劳动，现在使用这个日本字，是暗含了希望将来中国劳动人民能自主工作的美好祝愿。除了这些说法以外，我想再加上一个我自己的“怪论”，即也许是为了避开《三国志》中的“劳动”给人的印象的缘故。

马　鹿

秦始皇死后，昏庸的秦二世即位。拥立他的是赵高。赵高是一位宦官，当时拥有很大的权力。或许是由于出身的关系，赵高十分担心群臣是否顺从于他。为了考验群臣的忠顺程度，他找来了鹿。赵高向秦二世献上鹿，曰："马也。"

二世笑曰："丞相误邪？谓鹿为马。"

即便秦二世再怎样昏聩，也不至于分不清马和鹿。

赵高曰："马也。陛下以臣言不然，愿问群臣。"

畏惧赵高的人都回答是马，而有气节的人则回答是鹿。当然，也有人默不作声。其后，赵高制造借口将回答是鹿的人逐步肃清。秦二世三年（前207）八月，赵高杀掉秦二世后立子婴为帝。子婴乃秦二世兄长之子。九月，子婴刺杀赵高，诛其全族。十二月，项羽攻入秦国首都咸阳，杀掉子婴。此时距秦始皇死刚过三年。其后，项羽和刘邦的争斗持续了五年，最终刘邦获胜，汉实现大一统。汉朝是长命政权，前后共持续了四百余年。

有一种说法认为，因为这个典故，日本开始将不分是马是鹿的人称为"马鹿（译者注：日语中的'笨蛋'写作'馬鹿'）"。其实，这种说法是错误的。

中国没有使用过日语意义中的那种“马鹿”。据说，日语中的“马鹿”出自僧侣们的隐语。真相是：因在其人或其家属及相关人士面前无法说其“蠢货”，故僧侣由梵语中的 moha 或 mahallaka 取了 baka 这个音来表达此意。

不要觉得汉语中没有“马鹿”这个词，南京动物园的笼子前面就有这样的提示牌。汉语中的“马鹿”好像是一种鹿的名字，意思大概是像马的鹿。我曾见过这样的场景，日本游客让自己的同伴站到写有“马鹿”的提示牌一旁，然后吵闹着要拍照。同行的中国人会觉得很不可思议——“为什么只拍指示牌呢？”再仔细一看，马鹿这种动物就在角落里，并没有被收入镜头之中。他们觉得不可思议也属正常。

向其解释说“在日本，‘马鹿’的意思是混蛋”，中国人这才搞明白事情的原委。

如果在北京打听的话，人们好像并不知道“马鹿”这种动物。北京都说“四不像”。“像”在汉语中是“相似”的意思。“四不像”就是像四种动物但并不是这四种动物的动物。头像鹿，脚像牛，尾巴似马，背似骆驼。但这种体格庞大的动物既不是鹿，也不是牛，既非马，也非骆驼。据说也没给它起个名字，就叫“四不像”了。比起“马鹿”来，“四不像”这个名字更有趣。

“四不像”也用作形容词，意思是“不伦不类”“似是而非”。比如，可以将非常蹩脚的英语称为“四不像的英语”。

最后补充一个“新村说”[①]。“新村说”认为，日语的“马鹿”来源于“若”。训斥不成熟的人会说“wakaa”，进而演变成了“baka”。

① “新村的说法”，“新村”是人名。——译者注

扶桑和蓬莱

神户的中突堤上曾经高高耸立着一座塔，很遗憾不得不在此加上“曾经”一词。原因很简单，曾经中突堤上只有一座高塔耸立，而现在周围遍布了高耸的建筑，就连旁边的酒店都超过了这座高塔。

对于我来说，中突堤一带是充满了少年时代美好回忆的地方。海岸大街五丁目红砖墙住友仓库的西边就是令我怀念的家园。

现在，中突堤仍然是国内海上航线的枢纽港，但国内航线的范围却发生了变化。中国台湾被日本殖民的时代，从这里开往台湾的船只属于国内航线，如今属于国外航线。从最东面的堤防出港的是国外航线，乘客在进出时必须携带护照接受出入境检查。

第二次世界大战之前，中国台湾航线的船只是在中突堤最前面进出港，开船时间是正午时分。我家是贸易商，一楼是仓库，工人们在这里打包货物，然后通过对面国营码头的驳船送至远洋驳轮。从我家三楼的窗户可以看到停泊在中突堤边上的远洋驳轮。因为远洋驳轮舱口正午时分才打开，所以大家都赶着时间装载货物。所谓“进出口”是指和外国进行贸易，而中国台湾在当时被日本殖民，所以两地的货物运输属于国内调转，因此台湾又被称为“移出口”，也就是国内运输。因为不用缴纳关税，一般都是要开船了才把货物装载完毕。

定期船有大阪商船和近海邮轮（日本邮轮系列）。近海邮轮中有一艘“富士丸”号，是万吨新锐船舶，而大阪商船的王牌船叫“高砂丸”，大小与“富士丸”号差不多。

第二次世界大战之前，我基本上都是乘坐大阪商船回乡。除了“高砂丸”号，我还坐过“扶桑丸”号和“蓬莱丸”号。

中国将“扶桑”和“蓬莱”当作日本的别名或雅称。

中国的神话宝库《山海经》中有这样一句话：“汤谷上有扶桑，十日所浴。”汤谷即十个太阳沐浴的地方。扶桑枝下，九个太阳一边沐浴一边赞叹：“多好的水呀！”扶桑枝上，一个太阳升起照亮世间，就这样十个太阳一次一个轮番升起。因此，虽然我们在天上只见到一个太阳，但民间也有十个太阳的传说。其他的文献中也有“旸谷”之说（《淮南子》等），日语中两者发音一样，都读作“ようこく”（youkoku）。

因为每天都是沐浴完的那个太阳升起，所以扶桑树一定在东方。从中国来看东方就是日本，因此扶桑也就成了日本的代名词。

汉代的《海内十洲记》曾有记载：“长者数千丈，大二千余围。树两两同根偶生，更相依倚。是以名为扶桑仙人。”汉代的1丈不足2.3米，这样算起来，扶桑应该也是高达两千多米的巨木。关于“围”的长度众说纷纭，比较可信的说法是成年人两臂完全打开的长度为1围，因此扶桑树有两千多人手拉着手围在一起那样粗大。

“这事有点儿难以置信。”作者大概一边写一边这样自言自语吧。“扶”字正如相互扶持一样，有聚集的意思，因此扶桑树一定是两棵同根而生并交织在一起的树木。此外《海内十洲记》中还写了一些极其荒唐的事情，例如，在扶桑国，人们像吃竹笋一般食用形似梧桐叶的扶桑树叶。此外，人们还用扶桑树叶喂养鹿，以取其乳汁。日出之木为扶桑，日落之木为若木。若木具体是什么样的树木，人们不得而知，只听说它生长在昆仑山以西极其荒远的地方。

西海栽若木，东溟植扶桑。

李白的这句诗写出了诗仙那气吞山河的气势。

王维在阿倍仲麻吕归国之际，为他写了一首诗。“乡树扶桑外，主人孤岛中”是其中的一句，看来王维也认为日本在扶桑的另一边。也许阿倍仲麻吕曾对王维说过“日本是比扶桑更遥远的孤岛”。

虽然怀着思乡之念，但阿倍仲麻吕因为遭受狂风暴雨未能回国，他先是漂到越南一带，之后又回到了大唐。那时曾一度流传阿倍仲麻吕遇难身亡，李白听到这个消息后还做了一首追悼诗，其中有“征帆一片绕蓬壶”一句。蓬壶和“蓬莱”相同，是东方海上三座仙山的其中一座，山上有长生不老药。徐福向秦始皇说的仙岛就是蓬莱岛。

第二次世界大战前的定期船中，我曾搭乘过“扶桑丸”号和“蓬莱丸”号，这些船舶都在战时被击中而沉入大海。如今，中突堤已然发生了翻天覆地的变化，在这里一提到扶桑和蓬莱这两个代表日本的名字，我的内心就充满了怀念之情，而这种感觉似乎无法用语言来表达。

禅 让

看到“禅”字，大家都会联想到佛教，如禅宗、坐禅、禅师、禅门等，含有“禅”字的佛教用语不胜枚举。实际上，早在佛教传入之前，中国就已经有“禅”这个汉字了，本义是“除地”。

相传古代成为天下首领的帝王都举行“封禅”典礼。筑土为“封”，除地为“禅”。祭拜天地时，必须要尽可能靠近天地。于是古人便想出了“封禅”，筑土为坛，凭“封”近天；除地为基，靠“禅”近地。

若从理想化的角度看古代社会的话，古代帝王往往会选贤任能，将王位禅让给德贤之人，例如在三皇五帝的理想时代，尧让位于舜，舜让位于禹。禹的儿子继任后，开始了世袭制，这是夏王朝建立的标志。

在古代理想社会里，每逢政权交替就会举行封禅仪式。“禅”字也在不知不觉间被赋予了“传”的意思，后与含义相近的“让”字结合，就出现了“禅让”一词。

和平年代里的政权交替是“禅让”，而通过武力夺取政权的行为被称为“放伐”。自夏朝以来，至少在三千五百年的时间里，中国都没有出现通过“禅让”进行政权交替的例子。以武力为背景，采取禅让的形式夺取政权的，除广为人知的“三国志”中东汉至魏的政权交替外，还有很多。但这些都不是真正的禅让，应该视为“放伐”的另一种形式。

岂止是那样，若仔细研究所谓理想时代中的神话传说，就会发现尧、舜、禹的禅让好像也存在不少可疑之处。有传说表明，舜的帝位不是尧禅让的，而是武力夺取的（《竹书纪年》）。如果事实果真如此，那么不得不说“禅让”是一个非常不可思议的词了。根本没有那种事实，却存在表示那种事实的词汇。这样的词岂不是“乌托邦式用语”吗？

佛教从印度传入中国时，最吸引人的地方就是通过冥想消除迷茫、集中精神的“禅那（jhána）”修行。“禅那”一词的翻译也颇有意思。我很清楚初期的佛教经文译者在翻译“禅那”一词时选用“禅”字的原因。只有那些表示根本不存在的事物的“乌托邦式用语”，才最适合作宗教用语，而且，发音也非常相似。起初，经文译者译为“禅那”这两个字，但语义主要集中在“禅”字上。

即使是在20世纪的日本，这个实际上并不存在的“禅让”一词，作为新闻报道用语仍在使用，如“福田真的能禅让给大平吗？”之类的标题仍层出不穷。然而明明有很多实际例子的“放伐”一词，却成了死语。不论是田中对福田，还是福田对大平[①]，实际上都是“放伐”，但是却从未见哪家报纸在报道时使用“放伐”。

比起那些形容有太多实际例子的事物的词语，表示根本就不存在的事物的词语反倒更有生命力，这就是事实。

① 田中角荣，日本第64、65任首相；福田赳夫，第67任首相；大平正芳，第68、69任首相。

韦驮天

日语中有一个“韋駄天走り”的惯用语，意思是大步快跑。

韦驮天是印度神话中湿婆神和神妃帕尔瓦蒂的儿子，好像原本就是军神。既然是军神，当然跑得很快。

韦驮天在印度的叙事史诗《摩柯婆罗多》中登场，但不知什么时候成了佛教的神。他的原名是塞犍陀（Skanda），译为“私建陀”或者省略为“建陀”。那么“韦驮天”之名从何而来呢？据说是写字先生把“建”错写成“违”，“违”字去掉走之旁就变成了韦，并用同音的“驮”字代替了陀。虽然这种说法有些荒唐，但韦驮天就是塞犍陀神，且以跑得快而出名，这种观念已经深入人心。

《太平记》中经常引用中国或印度的神话典故，在第八卷的“谷堂炎上之事”一章中记载了韦驮天将被夜叉偷走的佛牙追回的故事，这也是歌谣《舍利》的出处。

虽然这是佛典中记载的故事，但无论怎么查，我都没有在佛教相关文献中找到韦驮天夺回佛舍利的故事。原著已经丢失，或许这是传说中的作者小岛法师编造的故事。

夺回佛舍利的故事有可能是小岛法师的创作，但这位印度的塞犍陀神经常在文献中出现，并被赋予了“跳跃者”的意义。

变成佛教神以后的韦驮天成了南方增长天王所率的八大神将之一，并被人们认为是伽蓝的守护神。

至于中日两国寺院的不同点，我曾在《布袋和尚》中叙述了中国将布袋和尚供为弥勒菩萨的事情。除此之外，两国在安放韦驮天像上也存在着差异。日本有的禅宗寺院将韦驮天像安放在厨房，例如皇室的菩提寺——泉涌寺，就是如此安放韦驮天像的。但将韦驮天像安放在厨房的话，一般的参拜者是看不到的。中国的寺院一般将韦驮天的塑像与布袋和尚的弥勒佛像背对背安放。

去中国的寺院，穿过山门，进入天王殿，我们会看到布袋和尚正脸朝外面，盘腿坐在大殿中间，绕到后面，全副武装的韦驮天会首先映入我们的眼帘，他面朝里面，站在一个非常显眼的位置。

至于日本的禅寺为什么将韦驮天像放置在厨房，据说是因为人们相信如果将韦驮天放在厨房里，就不用发愁吃饭的问题。

中国寺院里的韦驮天静静挺立着，似乎肩负了整个天王殿。如果韦驮天是伽蓝的守护神，那么这很符合他的形象。但是在中国，韦驮天似乎也与食物有着很深的渊源。韦驮天的塑像有三种不同的姿势，一种是双手合十，将金刚杵横放在双臂上；另一种是手中金刚杵拄地；还有一种是斜拿着金刚杵。

我在中国寺院听到的说法是，据说云游僧人可以通过韦驮天手持金刚杵的姿势判断是否可以在这所寺庙吃斋饭。中国有的寺院会为云游僧人布施一宿一饭，但是有的寺院则没有这样的布施。道场的寺院应该不会为云游僧人生火做饭。如此一来，行脚僧就不必逐一敲开寺院大门询问是否可以在这里吃斋饭了。

看来中国寺院里的韦驮天虽然是天王殿的守护者，但仍然与厨房有着密切的联系。

如此说来，谣曲[①]《舍利》就是以京都泉涌寺为背景的。这座寺院有一颗从中国泰山的白莲寺传来的佛舍利。这颗佛舍利集善男信女的信仰于一体，被奉为无上的灵宝。这颗佛舍利被盗之后，韦驮天奋起直追，最后夺回了灵宝。

对于“建”被误写成“违”，“违”又变成“韦”的这一解释，我觉得有其合理之处，但不可思议的是如此明显的失误在很长一段时间都没有得到纠正。古代印度的圣典《吠陀》被译为“韦陀”，或许也是受了这个的影响。

另外，关于韦驮天还有一个怪说。很多学者主张塞犍陀韦驮天就是亚历山大大帝。

Alexander 的前两个字母“A”“l”是阿拉伯语中的前缀词（例如 alcohol 或 alkali），将这两个字母去掉的话，“Alexander”就变成了“exander”[②]。据说古代的印度人无法忘记从西方跳跃而来的英雄马其顿，于是便将他映射到自己的神话之中了。

虽说这是怪说，但或许真相就是如此，因为亚历山大大帝非常符合迅捷军神这一形象。若真是如此，日本就不能将亚历山大大帝塞在厨房里了，可以和中国的寺庙一样，把其当作伽蓝的守护神放在门口。不对，这样的话韦驮天就成了守门人，这不符合亚历山大大帝的身份。

---

① 日本古典歌舞剧“能”的台本，或简称谣。

② 日语发音为エスカンダ，和塞犍陀的日语发音スカンダ很像。

和光同尘

在日本，“和光同尘”常被当作佛教用语使用。然而，它原本出自老子的《道德经》，“和其光，同其尘”。纵然有耀眼的才华和能力，还是尽可能收敛光芒，不要太引人注目为好。虽然一身清净，但周围人都沾染了俗世烟尘，那么也要混同自己于尘世之中。老子认为与尘俗相合而不自立异之人为“天下之贵”，是其眼中的理想形象。

老庄之徒，多有奇特出众的言行。敢与世俗作对，注定引人注目。然而，这与老子之道是相悖的。老子将和光同尘之人奉为圣贤，厌恶招摇过市、引人注意。众所周知，竹林七贤虽好老庄之学，但行为放荡不羁而又谈吐不俗。

6世纪的颜之推在所著的《颜氏家训》中，曾批判竹林七贤之一的嵇康道：“嵇叔夜排俗取祸，岂和光同尘之流也。”

于佛教，“和光同尘”之意是，佛陀、菩萨为救度众生，须隐藏菩提之智慧光，以应化身权假方便，生于充满烦恼之尘世，与众生结缘，次第导引众生入佛法。这种用法与《道德经》中的含义有很大的差异。不过，这种用法在日语里却十分普遍。在中国或许也曾有过这种含义和用法，但至少在有代表性的佛教文献中并无体现。相反，日本的《三教指归》《正法眼藏》等著名佛教文献中均可见此成语。不仅如此，《平家物语》等文学作品中也使用了这种用法的“和光同尘”。

看来佛陀、菩萨在日本救度众生时，比在中国更需要隐藏真身。其原因在于，中国人也信奉神，如伏羲、神农、西王母等，但毕竟只是少数，而日本拥有八百万神明，而且这些神明与民众的日常生活密不可分。佛教传入日本，佛陀、菩萨隐藏菩提之智慧光，化身成为本地八百万神明中的一员。这就是“本地垂迹”，亦称为“和光垂迹”。

前面谈到了佛教用语，所以此处顺带一提，有许多词原本出自中国的汉译佛典，在日本却形成了独有的含义和用法。“有顶天”就是一例，它是梵语 Bhavāgra（存在的最高形式）的汉译。最高存在者，即修行果位最高的神，能够登顶，自然心情不错，“兴高采烈、欢天喜地”也是理所当然的。但是汉语里却不用“有顶天”来形容欣喜若狂。

另外，“亿劫”一词也是如此，“劫”是佛教极大时限之时间单位，佛经中的解释是，一座方圆四十里的城池，密密麻麻铺满芥子，一百年取出一粒，直到城中芥子取之殆尽，一劫还没有结束。“亿劫”是“劫”的亿倍，表示无法衡量的无限长之时间。日语里，“亿劫”也表示“麻烦、慵懒”之意，但这种用法在汉语里是没有的。

在日本，得益于佛陀与菩萨的和光同尘，佛教深深扎根于民众内心，从中国借鉴过去的元素也淡化了许多。

关帝庙杂记

《三国志》中关羽是富有侠义之心、勇猛善战的武将。我从未听说过关羽是富豪或者他擅长做生意的传闻，为什么他会被人们奉为财神呢?

关羽是重信重义之人。他奉刘备为君主，与刘备情同兄弟，因此虽然被曹操捕获之时受到优待，但仍然拒绝了曹操的招降。然而他终归是受了曹操的恩情，在曹操与宿敌袁绍开战之时，关羽大战袁绍的武将颜良并斩下其头颅后，才去追随刘备。他在报完曹操的恩情后再奔赴刘备身边，可以称得上思虑周全了。商人必须信守承诺，并且保证收支与财务表完美吻合。

关于关羽成为财神的理由，我曾听过上面这样的解释，但总觉得有些牵强。我本以为就是如此，但还听到了以下的说法。

据说，天帝在决定八百万神仙的神职时，在一个大袋子里放了很多物品，神仙们被蒙着眼睛，一次只能抓取一件物品，抓到什么就担任与此物相关的神职，抓到书就是书籍之神，抓到尿布就是安胎育儿之神。这与其说是怪谈不如说是奇闻。据说关羽抓取的是算盘，所以成了财神。我想一定是因为人们很难将关羽与财神联系在一起，所以才会出现这样的奇闻。

现在的神户凑川神社非常气派。但是据说德川光圀在此修建“呜呼忠臣楠子之墓”之前，这是一座非常小的神社。我们现在称楠木正成为“楠公”或者“大楠公”，但是从前他好像被人们称为“遗憾先生”。我知道这个称呼来自他的失败，而奇怪的是这个神社却将他奉为“牙疼神”。难道是因为他在剖腹自杀的时候，咬牙切齿地念着“遗憾、懊悔”，才被奉为“牙疼神”的吗？那么这就和关羽的算盘如出一辙了。

人们在祈愿之地所祈求的心愿大致相同。家人平安、生意兴隆应该是最普通的愿望。关羽之所以成为保佑商业繁荣的神仙，也许其中的缘由非常简单，只是因为供奉关羽的神庙特别多而已。

中国的关帝庙遍布各地，而日本祭祀八幡神的神社最多，中国的关帝庙与之相比有过之而无不及。在日本，华侨最密集的地方是神户和横滨，两地早在明治时期就修建了关帝庙。

若是以儒家文化为骄傲，华侨就应该修建孔子庙，但他们只是将孔子的牌位放在关帝庙的一角。华侨因为移居海外，应该祭拜海神，但中国南方的海神——妈祖（又称为天妃或天后）的神像也是被放在关帝庙内。

关羽被杀之后，人们将他的首级送到曹操面前，之后不久曹操便去世了。曹操去世时 66 岁，我们也许可以说他寿命已尽。然而击败关羽的吴国大将吕蒙几乎在同一时期去世，年仅 44 岁，还有吴国的副将孙皎明明还很年轻，也随后去世。当时的人们想当然地将这一系列的死亡事件归根于关羽的怨灵作祟。

日本人为了镇压菅原道真的怨灵，将他供奉为天神。同样中国人为了镇压关羽的怨灵，为他修建了神庙。尽管如此，鉴于关羽的身份，我们可以猜想到供奉他的神庙刚开始时应该不是很大。

唐建中三年（782），关羽去世五百多年后，他还从祀于武成王庙。武成王庙的主神是太公望吕尚，关羽则被安放在他的旁边供人们祭祀。因为关羽不是主神，所以说是从祀。同样，孔庙中主祭孔子，孟子、朱子等为从祀。

据说关羽在 10 世纪成了一庙的主神。关羽的知名度通过《三国演义》的小说和戏剧得到了提升，最终取代太公望吕尚成为武神。太公望是周武王的军师，在武王伐纣中立下了大功，但他的时代太过古远，所以知名度远不及关羽，这也是无可奈何的事情。提起太公望，人们一般只会想起那位钓鱼的姜子牙。

12 世纪，关羽被世人追赠王号，其神庙也开始被称为“关王庙”。16 世纪中期，明朝万历年间关羽终于获得了帝号。清朝，人们对关羽的崇拜日渐高涨，一县必建一座官庙，就连村里也建造了相应规模的关帝庙，最终关帝庙遍布全国各地。

说到文庙当然是孔子庙，提到武庙必然是关帝庙，但有的村子即使没有孔子庙也不会没有关帝庙。人们在此祈求家人平安、生意兴隆，于是关羽渐渐地被人们作为财神供奉起来。似乎从追赠关羽王号的北宋末期开始，这种趋势就开始逐渐增强了。

财 神

由于人们向神祈祷时通常都会祈求生意兴隆，以至于各路神仙都包含了财神的成分。甚至像关羽那样与商业丝毫无关的武将，也成了财神。

中国历史上的英豪中，其实最适合成为财神的是春秋时代的范蠡。《史记》中记载了他在辅佐越王勾践完成霸业之后，辞去宰相之职而致力于发展实业，自号“陶朱公”，并成为大富豪。可能有的地方将范蠡供为财神并为他修建了神庙，但由于我孤陋寡闻，不知道具体在哪里。

惠比寿是日本的财神，虽然被人们认为是七福神之首，但我没有听过他在哪里发大财的故事。根据《日本书纪》的记载，虽然他是伊奘诺和伊奘冉的第三个孩子，但三岁时还不会站立，被父母丢弃在海上。这样看来他好像也做不了什么大生意。

《八犬传》的作者龙泽马琴，以《朱子》的“北辰，北极，天之枢也。居其所，不动也”这一小节为根据，创作了蛭子神即惠比寿是北极星的怪谈。龙泽马琴认为惠比寿三年间没有站起来是因为他的脚是地轴的北极一端，没有移动的必要。

说起星辰，日本人认为七福神的元老“福禄寿”是南极星的化身。

七福神是日本的说法，而其中的惠比寿神是日本本土的神仙，中国没有这个神仙。但福禄寿神来自中国，也被列为日本七福神之一。“福禄寿”这个名字，幸福、富贵、长寿的寓意非常明显。

福禄寿神不是很古老的财神。相传北宋嘉祐八年（1063）十一月，有一名道士在京城的集市上行占卜之术，其人貌体古怪，酒饮千杯而不醉。据说他并不是普通人，而是南极星的化身。所谓的貌体古怪指的是他长头短身，手持拴着经卷的拐杖，身旁带着白鹤。

喜庆之事都是好事，但总觉得有些可疑之处。中国似乎很早就有一种说法，说“福禄寿”神是画工为了卖出喜庆的画作而精心捏造出来的财神。

比干没有被列为日本七福神之一，但在中国他是一位非常重要的财神。比干是殷纣王的叔父，所以是距今3000年以上的先人。因为他直言劝谏，触怒了纣王，纣王大怒道：“我听说圣人的心有七窍！今天我倒要看看你的心是不是七窍！”说完之后纣王便命人诛杀比干，并将他的心挖出来以供观赏。这个故事在《史记》中也有记载。

由此可见，比干的含恨而死，其事迹毫不亚于关羽。当时的人们肯定是害怕含恨而死的比干出来作祟，为了镇压他的怨灵，同时也寄托生意兴隆的希望，将比干变成了保佑人们的财神。同关羽一样，比干也成了财神。

世人将关羽和比干分别称为武财神、文财神。

比“福禄寿”更古老的中国财神还有玄坛神，他是一位道教色彩浓厚的财神，根据道教书籍《三教源流搜神大全》的记载，玄坛神姓赵名公明，于秦朝年间在终南山得道升仙，被封为正一玄坛元帅。

然而，明代的小说《封神演义》中，赵公明辅佐周武王讨伐殷纣王，当时周武王的军师是太公望吕尚。赵公明死后被封为“金龙如意正一龙虎玄檀真君”。而殷商末期和秦朝之间相差八百多年，不得不说玄坛神的记载尚有疑云。

据说玄坛神是黑色的，或许是由外国的神演变而来的。向前追溯到唐朝，当时各形各色的外国商人来到长安，做生意赚大钱。也许玄坛神就是在这个时代传入中国的。

唐朝的《义山杂纂》中将“波斯的穷人”视为“不相称之人”，由此可知，唐朝的人认为波斯人很富有。也许长安的闲人打听到波斯富豪们都毫无例外地拜了灵验的财神。

当时的波斯人大部分都是拜火教的教徒。教祖死后，拜火教吸收了印度和伊朗的神仙。因为玄坛神的颜色是黑色的，也有可能与成为大黑天神的湿婆有关系。如果是这样，我们可以猜想这位来历不明的财神可能是藏在大黑天神的米袋或者百宝槌里来到日本的。

镜子的用途

日语的“炼瓦”指的是“砖”。汉语中有“磨砖”一词，“磨砖岂能成镜”出自中国禅僧语录《景德传灯录》，夏目漱石在《我是猫》中也曾引用过这句话。

一位学者去拜访一位和尚的时候，看到这位和尚正在全神贯注地磨砖。学者问：“大师，您正在做什么？”和尚回答道：“我正在磨镜子。”学者非常吃惊地说道：“无论多么有名的僧人也不能把砖磨成镜子吧。”和尚哈哈一笑：“那就不磨了，无论读多少书，不明其道的话不就是如此吗……”

夏目漱石在《我是猫》中是这样写的，但原著中磨砖的和尚是南岳怀让禅师，问道的是江西道一禅师。怀让禅师那时回答的是磨砖不能成镜，坐禅岂能成佛，并非责骂道一禅师。

说起磨镜，唐朝的小说中有一个故事的主人公除磨镜之外无任何才能。因此“磨镜者流”（指磨镜工一类的人）就变成了无能人物的代名词。毫无疑问，天下的造镜人对此深感愤怒。

镜子是日本三大神器[1]之一，由此可知镜子是神圣的物品。古代人对镜中蕴含灵力一说深信不疑。

镜子可以映照万物，辨正邪，分美丑，这肯定是拜镜中灵力所赐。

镜也可以写成“鉴”，其实后者的用法更为古老。据说“鉴”原本是盛水的盘子，古人盛水以为镜子之用，使用之后便收入箱中。无论是东方人还是西方人，一般都将镜子放在盒子里，一方面是为了防止落上灰尘，另一方面人一直被镜子照着，着实不太自在。鉴于此，我平时也想把镜子收起来。

“龟鉴”比喻成为模范的人。过去我们经常听到“武人龟鉴”“孝子龟鉴”之类的说法。

古人经常使用龟甲进行占卜，预测吉凶。除了龟甲之外，牛的肩胛骨也可以用来占卜，所以人们将此统称为“甲骨”。人们将打好孔的甲骨放在火中烧制，然后根据甲骨的裂缝判断吉凶。

“龟”是吉凶的标准，“鉴”为美丑的标准，所以合在一起就变成了模范的意思。有时候人们也将“龟鉴”写成“龟镜”。

例如根据《魏志·倭人传》的记载，魏朝皇帝赏赐给卑弥呼使者的物品单中有铜镜百枚，并且物品单的后面附有一句“故郑重赐汝好物也”。由此可知镜子是卑弥呼喜欢的礼物。

卑弥呼的使者于景初三年（239）来到魏朝，第二年即正始元年归国。在日本已出土的三角缘神兽镜之中，有的带有景初三年和正始元年的年号，有人推测它们是魏朝皇帝赏赐的百枚铜镜中的一部分。

三角缘指边缘高高隆起，断面呈三角形。不可思议的是，这种三角缘神兽镜在日本大量出土，但在中国尚未出土一面。

也有人认为，三角缘神兽镜是当时魏朝为日本特别打造的，其他的镜子并不采用这种工艺。

---

① 即八咫镜、八尺琼曲玉、草薙剑。

另外，古铜镜中有的采用了十二地支的设计。据说这样的铜镜好像是人们在海上用于辨别方向的。

十二地支既可以用来编排日期、时刻，也可以用于表示方位，北为“子”，东为“卯”，南为“午”，西为“酉”。将北和南连起来的线称为“子午线”，通过旧格林尼治（Greenwich）天文台的经线就是本初子午线，这是世界时间的标准。日本标准时间的基准线是东经 135° 经线，在兵库县明石市的上方。

还有一种圆形古镜，用绳子穿过中间的孔，吊起来后镜面就会保持水平状态。

在海上辨认方向时，首先必须知道大概的时间。上午 10 点的时候为“巳”时，所以将镜子水平放置，令镜面铸着“巳”的地方朝着太阳的方向，“子”字所对应的方向就是北。这种方法在北半球不会出错。

可以想象在没有指南针的时代，人们要想在海上知道方位，就要使用这种准确地刻有十二地支标志的圆镜。东京商船大学名誉教授茂在寅男先生提出了“古代人大航海论”，其依据之一就是这个十二地支镜。

古代人在海上航行的范围远超出我们的想象。这得益于充满灵力的镜子。看来为人们指明方向也是镜子的用途之一。

弓箭的灵力

丘比特是女神维纳斯的孩子，据说他经常恶作剧地射出爱情的神箭。这支神箭不会伤人，而是会唤起爱的激情，所以被人们认为具有控制心灵的力量。

弓箭是古代的武器。在旧石器时代的遗址中，就有石箭镞出土，因此弓箭的历史可以说非常悠久。最为古老的远射武器是投石，其次是标枪。弓箭的使用则是在二者之后，不过毫无疑问的是人们在很早以前就开始使用弓箭了。

“六艺”指礼、乐、射、御、书、数，这是周朝贵族需要掌握的六种技艺，为儒家所重视。这其中的“射”就是指射箭。

《史记·孔子世家》记载，孔子的三千弟子中，有72人通晓六艺。因为儒家有重文轻武的倾向，所以其对武技“射”的重视令我觉得不可思议。然而在孔子的时代，射不单单是武技，还是绅士的一种修养。换言之，武技“射”已经被仪式化了。

在古代举行祭祀、宴会和会盟等盛大活动时，为了净场，首先要进行“射礼”。还有一种“会射”的活动，指将人分成两组，礼节性地进行射箭。

若要祛除邪气，必须要有强大的灵力。无论东方还是西方，人们似乎都认为弓箭内寄含着强大的灵力。所谓“鸣弦”，就是人们相信只要拉响弓弦，就能祛除邪气。

日本相扑比赛的弓取式，在比赛全部结束之后举行，而中国的射礼仪式是在活动开始之前进行的，所以日本的弓取式好像并不是源自中国。

相扑的弓取式是优胜力士用来表达喜悦之情的一种仪式，所以不能在比赛之前进行。平安时代，弓取式是舞者拿着弓箭表演立合舞，江户时代也是由二级力士代替获胜的大关力士进行弓取式。优胜者本人手拿弓箭狂欢乱舞，人们会认为他一点儿也不谦恭。

相传日本给获胜的力士授弓这一仪式来源于织田信长。日本进入江户时代之后，相扑比赛的最后一天，会给大关、关胁、小结级别的力士分别授予弓、弦、箭一对。

弓取式原本是在相扑终场比赛之后举行，可能因为相扑逐渐趋于表演化，从昭和二十七年（1952）的正月场开始，就改成了每日举行一次。但授予弓、弦、箭的仪式，现在还是只在终场比赛后进行。

中国和日本利用弓箭驱邪和表达喜悦的仪式虽然不同，但人们对于弓内含有灵力的想法一致。

毛利元就曾以箭训诫他的三个儿子，强调团结的重要性，这是非常著名的典故。

折箭行为在古代意味着立下誓言。“誓”字中含有“折”字。誓约最为重要之时莫过于战争时期，在战场上两军原本说好是同盟，然而一旦有紧急情况发生，如果其中一方倒戈投敌了，这是非常严重的事情。

《书经》中有《甘誓》《汤誓》《牧誓》诸篇，都是写给出征军队的训词。军队因为要上战场，应该处处都能寻到弓箭。箭本为笔直之物，砰地一下折断，则表明军人决绝的态度。而且箭中含有灵力，人们必须要有非同寻常的觉悟能力才能将其折断。

据说要求以活人祭祀的神仙，会在中意的少女家的房顶上射一支白羽箭，这虽然是民间传说，但我非常感兴趣的是这里说的既不是棍子也不是旗子，而是箭。

箭在这里给人一种“必须得是箭，不是就不行”的印象。

古代人做任何事情之前都会先向神灵起誓，好像起誓后才能有所领悟。古人不会随意按照自己的想法采取行动。

如果“箭”有立誓的意思，那么“知”就是人与神立下誓约的产物，遵循誓约采取行动，人们就有可能获得知识。

古代中国在婴儿出生的时候，有用桃木弓向四面八方射荆棘箭的习俗。人们认为桃木带有咒力，在家门两边贴的对联也是写在桃木板上，称为“桃符”。现在的春联虽然大部分都是在红纸上写上吉祥的文字，但也可以称为“桃符”。

日本有一个风俗：娘家人在婴儿出生之后的第一个新年和第一个节日，要送破魔弓和破魔箭作为装饰品。如果要追溯的话，这类习俗应该来源于儒家“六艺”中的“射”技。